IPO
기술특례상장과 벤처기업의 기술력평가

표춘미 지음

유원북스

머리글

본서는 벤처기업의 대표이사와 창업을 꿈꾸는 이공계 전공자에게 기술력을 통한 코스닥시장의 기술특례상장과 기술력평가에 대한 이해도를 높이고자 집필하였습니다.

본서의 특징은 다음과 같습니다.

첫째, 기술특례상장제도는 초기에 바이오업종 중심으로 상장이 추진되었지만, 최근에는 바이오업종보다 非바이오업종(소부장, 인공지능 등)의 상장 비중이 높습니다. 2021년도 기술특례상장기업 중에서 非바이오업종의 점유율은 70.97%로 대부분을 차지하고 있습니다. 코스닥시장의 신규상장기업에서 기술특례상장이 차지하는 비중은 2011년에 4.9%로 미미하였으나 2023년은 36.1%로 증가하였습니다. 기술특례상장은 기술기업이 코스닥시장에 상장하기 위한 전략으로 활용되고 있습니다. 본서의 제1장은 기술특례상장과 기업공개(IPO), 일반상장과 기술특례상장 요건, 기술특례상장 절차 및 전문평가기관, 기술특례상장 현황을 이해할 수 있도록 구성하였습니다.

둘째, 코스닥시장에서 기술특례상장기업은 상장후 5일 영업일 기준으로 일반상장기업과 비교하여 시가총액이 1.5배 정도 높게 나타났습니다. 기술특례상장기업은 상장 전에 자산, 자기자본, 매출액 등의 재무성과는 일반상장기업에 비해 미흡하지만 기술력에 대한 시장의 평가로 인해 상장 후의 시가총액은 일반상장보다 더 높습니다. 다만, IPO공모비용은 전체 업종대상에서는 기술특례상장기업과 일반상장기업 간에 차이가 크지 않지만 바이오업종은 초기수익률이 일반상장기업과 비교하여 -15%p 낮아서 IPO비용이 더 높은 것으로 분석됩니다. 코스닥시장의 상장은 효율적인 자본조달, 대주주의 자본회수(Exit), 기업이미지 제고, 전략적투자자 유치 등의 효익을 제공하지만 상장을 위한 각종 수수료 지급, 공시증가에 따른 비용 증가, 주주압력증대 및 지배권 약화 등의 암묵적/명시적 비용이 발생합니다. 본서의 제2장과 제3장은 한국거래소(KRX)의 기술특례상장제도 변화, KRX의 특례상장용 기술력평가 평가요인, IPO 신청 및 절차, 상장의 효익과 비용 등의 기술특례상장 신청기업의 IPO 절차 및 고려사항으로 구성하였습니다.

셋째, 기술특례상장의 예비신청 요건은 한국거래소가 지정한 전문평가기관 2곳에서 기술평가등급을 A와 BBB 등급 이상을 받아야합니다. 기술력평가는 기술을 활용하는 주체의 인력/조직/지원서비스 등을 종합적으로 평가해 사업주체의 기술개발, 혁신능력 등을 평가해 등급·점수 등으로 산출합니다. 기술력평가모형은 융자용, 특례상장용, 투자용이 있으며 목적과 용도에 따라 관련기관이 자체적으로 별도의 모형을 구축하여 사용하고 있습니다. 본서는 산업통상자원부와 금융위원회(2016)가 개발하고 기술평가실무가이드(2020)에 수록된 투자용 기술력평가모형를 중심으로 설명합니다. 본서의 4장은 기술력평가의 목적, 기술력평가모형 개발 연혁, 투자용 기술력평가모형, 기술력평가 절차, 기술력평가와 가치사슬 간의 관계를 이해하도록 구성하였습니다.

넷째, 기술력평가는 정성평가를 통해 대상기술과 사업주체가 사업타당성을 확보하였다고 판단되면 평가요인과 세부 평가항목의 정량평가로 평가등급(또는 점수)를 산출합니다. 투자용 기술력평가모형은 대항목/중항목/소항목의 체계이고 대항목 기준으로 경영역량, 기술역량, 시장잠재력 및 사업역량으로 구성됩니다. 독자들의 기술력평가에 대한 이해를 높이기 위해 가상기업인 ㈜덴탈임플란트를 대상으로 기술력평가의 평가지표와 평가등급 사례를 제시하였습니다. 본서의 5장과 6장은 투자용 기술력평가모형의 평가등급 산출, 투자용 기술력평가의 평가요인 및 평가지표, 가상기업의 기술력평가 사례로 구성하였습니다.

본서가 독자들의 기술특례상장과 기술력평가를 이해하는 데 도움이 되고 벤처기업의 대표님에게 작게나마 활용되었으면 합니다. 기술특례상장과 기술력평가 관련 문의사항은 ㈜포레스트벤처쿠커스의 공식 블로그에 올려주시면 성실히 답변드리겠습니다. 끝으로 본서의 출간을 허락해준 ㈜유원북스 출판사의 이구만 사장님, 최선을 다해 편집과 디자인작업을 해주신 전충영 상무님 이하 직원분께 감사를 드립니다. 그리고 바쁘신 일정에도 꼼꼼히 감수해 주신 고영진박사님(전 한국거래소 부장)과 백석대학교의 신성호 교수님, 자료 수집과 집필에 큰 도움을 준 김광현 대리에게 감사의 마음을 전합니다.

2024년 무더운 여름을 보내며
포레스트벤처쿠커스㈜ 대표/저자 표춘미

포레스트벤처쿠커스(주)공식블로그

차 례

제1장 • 기술특례상장과 기업공개(IPO)

1.1 기술특례상장의 의의 ·· 13
1.2 상장과 기업공개(IPO) ··· 15
1.3 코스닥시장의 일반상장과 기술특례상장 요건 ······························ 18
1.4 기술평가특례상장 기업사례 ·· 22
1.5 기술특례상장 절차 및 전문평가기관 ·· 24
1.6 기술특례상장기업 현황 ··· 27

제2장 • KRX의 기술특례상장제도

2.1 기술특례상장제도 변화 ··· 33
2.2 기술특례상장과 일반상장기업의 특성 비교 ································ 37
    2.2.1 상장 전 재무성과 및 기관투자가 주식비중 ······················· 37
    2.2.2 상장 후의 시기총액 ··· 39
    2.2.3 특례상장기업과 일반상장기업의 IPO 공모비용 ················ 39
2.3 KRX 기술력평가의 평가요인 ·· 42
2.4 기술력평가 평가요인의 신청기업 준비 및 유의사항 ···················· 47
2.5 자본시장에서 주식가격과 이익예측 간의 관계 ···························· 51
2.6 기술특례상장의 상장폐지 요건 및 상장폐지 현황 ······················· 56

제3장 • 기술특례상장 신청기업의 IPO절차 및 고려사항

3.1 IPO신청 및 절차 ·· 65
3.2 IPO의 외형적 상장요건 ··· 68
3.3 IPO 질적심사 요건 ··· 70
3.4 IPO 성공을 위한 CEO 고려사항 ·· 73
3.5 IPO 실무상 쟁점 ··· 78
    3.5.1 CEO의 쟁점사항 ··· 78
    3.5.2 기업의 쟁점사항 ··· 79
    3.5.3 투자기관 쟁점사항 ··· 80
    3.5.4 상장주관사 쟁점사항 ··· 82
3.6 상장의 효익과 비용 ·· 87

제4장 • 기술력평가모형과 평가등급 산출

4.1 기술력평가의 의미와 목적 ··· 95
4.2 기술력평가의 전제 및 특징 ··· 96
4.3 기술력평가모형 개발 연혁 ··· 98
4.4 투자용 기술력평가모형 ··· 101
4.5 투자용 기술력평가모형의 등급산출 ·· 103
4.6 투자용 기술력평가 절차 ··· 108
4.7 기술력평가와 기업의 가치사슬 ·· 112

제5장 • 투자용 기술력평가의 평가요인

5.1 기술력평가의 정성/정량 평가 ·· 117
5.2 기술력 평가요인 및 유의사항 ·· 118
    5.2.1 경영역량 평가요인 ·· 118
    5.2.2 기술역량 평가요인 ·· 121
    5.2.3 시장잠재력 평가요인 ·· 125
    5.2.4 사업역량 평가요인 ·· 127
5.3 기술력평가의 평가기준 및 평가지표 ·································· 130
    5.3.1 평가항목의 평가등급과 점수 ································· 130
    5.3.2 경영역량 평가지표 ·· 131
    5.3.3 기술역량 평가지표 ·· 136
    5.3.4 시장잠재력 평가지표 ··· 141
    5.3.5 사업역량 평가지표 ·· 144

제6장 • 기술력평가 사례: (주)덴탈임플란트

6.1 사례기업 개요 ·· 153
6.2 기술력평가 종합 ··· 156
    6.2.1 기술력평가 평가결과 ··· 156
    6.2.2 세부힝목 평가걸과 ·· 157
6.3 경영역량 평가지표 등급 ··· 158
    6.3.1 경영역량 – 기업가정신과 신뢰 ······························· 158
    6.3.2 경영역량 – 경영주 역량 ·· 160
    6.3.3 경영역량 – 경영진 역량 ·· 161
    6.3.4 경영역량 – 경영관리 역량 ····································· 162

6.4 기술역량 평가지표 등급 ··· 164
  6.4.1 기술역량 – 기술개발역량 ·· 164
  6.4.2 기술역량 – 기술경쟁력 ·· 165
  6.4.3 기술역량 – 지식재산역량 ·· 166
6.5 시장잠재력 평가지표 등급 ··· 168
  6.5.1 시장잠재력 – 시장현황 및 전망 ·· 168
  6.5.2 시장잠재력 – 시장경쟁성 ·· 172
6.6 사업역량 평가지표 등급 ··· 176
  6.6.1 사업역량 – 사업화역량 ·· 176
  6.6.2 사업역량 – 사업전망 ·· 178

부록 • 기술지식수준 판단표

1) 기술개발 인력 ·· 183
2) 전문디자인 산업용 ·· 185
3) 혁신형 지식서비스업 ·· 187

참고문헌 ·· 191

제1장

기술특례상장과 기업공개(IPO)

1.1 기술특례상장의 의의

1.2 상장과 기업공개(IPO)

1.3 코스닥시장의 일반상장과 기술특례상장 요건

1.4 기술평가특례상장 기업사례

1.5 기술특례상장 절차 및 전문평가기관

1.6 기술특례상장기업 현황

1.1 기술특례상장의 의의

　기술특례상장제도는 전문평가기관으로부터 일정 수준 이상의 기술평가등급을 받거나 상장주관사의 추천을 받은 기술성장기업에 대해 일반상장보다 완화된 재무요건으로 상장을 허용하는 제도이다. 기술특례상장은 기술평가특례와 성장성 추천으로 운영된다. 코스닥시장의 기술성장기업의 기술특례상장 유형은 〈표 1-1〉과 같다. 기술기업은 기술개발을 완수하기까지 장기간 R&D에 투자해야 하고, 매출과 수익이 실현되기 위해서는 오랜 시간이 소요된다. 해당 기업은 기술력이 우수하여 성장가능성이 높지만 안정적인 재무성과를 요구하는 일반상장의 요건을 맞추기가 어려운 경우가 많아서 금융당국은 2005년부터 성장형 바이오벤처기업들을 대상으로 기술평가특례상장 제도를 도입하였다.

　기술평가특례상장은 전문평가기관으로부터 기술평가등급을 A 또는 BBB 이상 받아야 상장예비심사 신청이 가능하다. 반면, 기술력을 객관적으로 평가받기 어려운 중소기업은 상장주선인이 성장성을 평가하여 추천한다.[1] 기술성장기업의 상장예비심사 외형조건은 자기자본 10억원 또는 시가총액 90억원 이상의 기업이다. 코스

---

1) 상장주선인은 코스닥시장에 신규상장을 하고자 하는 법인이 발행한 주권 또는 코스닥상장법인이 신규로 발행하는 주권의 상장을 주선하는 증권회사를 의미하고, 상장주관사와 혼용되어 사용됨.

닥시장의 기술성장기업 상장예비심사 외형조건은 〈표 1-2〉와 같다.

본서는 코스닥시장의 기술평가특례상장에 대해 기술평가특례상장(IPO) 절차와 기술등급을 산출하는 기술력평가를 중심으로 구성하였다.

〈표 1-1〉 기술성장기업의 기술특례상장 유형

구분	기술평가특례	성장성 추천
내용	전문평가기관이 기술력을 평가한 결과가 A등급 & BBB등급 이상일 경우에 상장예비심사 신청이 가능함	객관적으로 기술력을 평가받기 어려운 기업에 대해 상장주관사가 성장성을 평가하여 추천함

〈표 1-2〉 코스닥시장의 기술성장기업 상장예비심사 외형조건

| 구분 | 기술성장기업 ||
	기술평가특례	성장성 추천
경영성과 및 시장평가 등	• 자기자본 10억원 • 시가총액 90억원	
	• 전문평가기관의 기술 등에 대한 평가를 받고 평가결과가 A등급 & BBB등급 이상일 것 (외국기업의 경우 A등급 & A등급 이상일 것)	• 상장주선인이 성장성을 평가하여 추천한 중소기업일 것

출처: 한국거래소. 자본시장연구원(2022), '특례상장 기업의 성과분석과 시사점', 이슈보고서 22-16

1.2 상장과 기업공개(IPO)

　상장(Listing)은 주식회사가 발행한 증권이 한국거래소(이하, KRX)가 정하는 일정한 요건을 충족하여 유가증권시장 또는 코스닥시장에서 거래될 수 있는 자격을 부여하는 것이다. 기업공개(IPO, Initial Public Offering)는 기업이 일반인에게 주식을 공개하여 자금을 조달하는 과정으로 자본시장에서 공신력 있는 기업으로 인정받는 단계이다.

　기업공개(이하 IPO)는 증권의 공모발행을 위해 공시의무를 부담하고 회사 관련 정보를 공개하는 것으로 신규 공모 주식과 기존 주식이 거래소에서 거래될 수 있도록 상장절차를 포함한다. IPO의 최종 목표는 증권시장에 자사의 주식을 상장하는 것으로 실무에서 상장과 IPO는 혼용하여 사용된다.

　국내 자본시장은 크게 유가증권시장(KOSPI시장)과 코스닥시장(KOSDAQ), 코넥스시장(KONEX, Korea New Exchange)으로 구분된다. 유가증권시장은 중대형 우량기업 중심으로, 코스닥시장은 IT(Information Technology), BT(Bio Technology), CT(Culture Technology) 등의 중소형 벤처기업이 상장된다. 코넥스시장은 코스닥시장 상장요건을 충족하지 못하는 중소·벤처기업의 자금조달을 위해 개설되었다.

　2024년 7월 17일 기준으로 국내 자본시장 유형별 상장사는 유가증권시장은 841개, 코스닥시장 1,734개, 코넥스시장은 123개가 상장되었으며 전체시장에서 코스닥시장이 차지하는 점유율은 64.3%로 과반수 이상을 차지하고 있다. 국내 자본시장 유형 및 상장사 현황은 〈표 1-3〉과 같다.

〈표 1-3〉 국내 자본시장 유형 및 상장사 현황(2024년 7월 17일 기준)

구분	유가증권시장	코스닥시장	코넥스시장	합계
설립	1956년	1996년	2013년	
운영주체	유가증권시장 본부	코스닥시장 본부	코스닥시장 본부	
시장특성	중대형 우량기업	중소벤처 및 성장기업	창업초기 중소벤처	
상장기업 수	841개	1,734개	123개	2,688개
점유율	31.2%	64.3%	4.6%	100.0%

출처: 한국거래소. 김태훈(2016), '국내 기업공개(IPO) 제도의 현황과 개선방안에 대한 연구', 경영법률; 상장공시시스템(KIND), 상장종목현황

신생 벤처기업들은 담보 여력이 부족하여 금융기관을 통한 자본조달이 어려워서 벤처캐피털을 통해 자금을 조달하고 있으며 벤처캐피털은 5~7년 안에 투자자금을 회수하여 투자자들에 수익을 제공한다. 벤처캐피탈은 투자회사의 IPO를 통해서 투자자금을 회수한 경우 수익률이 높은 경우가 많아서 IPO를 통한 투자금 회수를 선호한다.

Pre-IPO(상장전 지분투자)는 특정 회사의 IPO에 대한 기대감이 시장에 퍼지고, IPO가 임박했을 때 이뤄진다. 주로 사모투자회사,

헤지 펀드 등이 해당 투자에 참여한다. Pre-IPO의 주식가격은 IPO 이후 예상되는 주식가격보다 낮은 경우가 대부분이다. 따라서 벤처캐피털은 상장 후의 예상 주가보다 낮게 Pre-IPO 투자로 투자기업의 주식을 취득하고 IPO 과정에서 해당 지분을 처분하여 투자금 회수 등의 Exit 전략으로 활용하고 있다.

Pre-IPO 사례 기업인 베르티스는 유방암 조기진단 혈액검사 마스토체크와 분석 서비스를 제공하는 기업으로 200억원 규모의 Pre-IPO를 통해 자본을 조달하였다. 베르티스는 Pre-IPO 투자금으로 제품 상용화, 서비스 영역 확대 및 해외사업 확장에 투자하여 사업영역 기반을 다지고 기술력 강화에 투자할 계획이다. 베르티스 Pre-IPO 사례는 〈표 1-4〉와 같다.

〈표 1-4〉 베르티스 Pre-IPO 사례

구분	내용
기업개요	• 2014년 설립 이후에 10 여년 간의 연구 개발로 단백질 동정방법[2] 및 정량 기술개발, 세계적 수준의 단백질 데이터 분석 및 해석 역량 구축 • 2019년 세계 최초로 프로테오믹스 기반의 유방암 조기진단 혈액검사 마스토체크의 상용화에 성공하여 2023년 연간 10만여 건, 누

---

2) 단백질 동정방법은 생리활성물질의 세포 내 표적단백질을 규정하는 시스템(서비스)임. 신규 생리활성 물질(저분자 물질, 천연물, peptide, 핵산 등)의 표적단백질 발굴과 First in Class 신약 후보물질의 작용기전 이해 및 신약개발 과정 단축이나 신규 적응증 확대로 Drug Repositioning을 이용한 신속한 신약개발 등에 활용됨(출처: IP Targets, [기술&시장 리포트] 단백질 동정방법).

	적 17만여 건 이상의 검사 건수 달성 • 2022년 5월 단백체 분석, 바이오마커 발굴 및 검증뿐만 아니라 신약 개발, 임상 연구 공정에 필요한 분석 솔루션을 제공하는 PASS 출시하여 2024년 1월말 현재 제약사, 국책기관, 정부출연연구소 등 총 53곳으로부터 다양한 프로젝트 수주함 • 주요 제품은 유방암 조기진단 혈액검사 마스토체크(MASTOCHECK)와 분석 서비스 PASS(Panomics Analysis Service & Solution)
Pre-IPO 규모	• 베르티스(대표 노동영, 한승만)는 200억원 규모의 Pre- IPO투자 유치함 • 투자사는 산업은행, 원베스트벤처투자, 프리미어파트너스, BNH 인베스트먼트, 드림씨아이에스 등임
투자금 사용 계획	• Pre-IPO 투자금은 조기진단 혈액검사 품목 상용화 추진, 분석 서비스 영역 확대 및 해외 사업 확장에 투자하여 사업 영역의 기반을 견고히 다지고 기술력강화를 위해 투자할 계획임

출처: 메디포뉴스(2024.02.26), '베르티스, 200억원 규모 프리IPO 투자유치 완료', 저자 재구성

1.3 코스닥시장의 일반상장과 기술특례상장 요건

일반상장과 기술특례상장의 요건을 비교하면 외형규모 측면에서 일반상장은 자기자본 30억원 이상 또는 시가총액 90억원 이상이고 기술특례상장은 자기자본 10억원 이상 또는 시가총액 90억원 이상으로 해당 상장요건 간에 차이가 크지는 않다.

다만, 일반상장의 이익실현 요건은 매출액 30억원에서 100억원

이상이고, 세전순이익 20억원 이상이고, 시가총액은 300억원 이상이다. 매출액과 매출증가율은 ① 시가총액 500억원, 매출 30억원, 최근 사업연도 평균매출증가율 20% 이상, ② 시가총액 300억원, 매출액 100억원, ③ 시가총액 500억원, PBR 2배 이상 중에서 한 가지 요건은 충족되어야 하고 수익성과 성장성이 양호한 기업만이 일반상장 요건을 맞출 수 있다.

반면, 기술성장기업의 경우 완전자본잠식이라도 상장이 가능하다. KRX는 2018년부터 업력, 규모, 자본잠식 등의 요건을 폐지하고 미래 성장성을 충분히 반영할 수 있도록 요건을 개선하였다. 기술평가특례상장은 상장심사에서 수익성과 성장성보다는 기업의 미래 성장잠재력을 평가하고 기술력평가 등급이 A등급 또는 BBB등급을 충족하면 된다. 성장성추천은 상장주선인이 중소기업[3]의 성장성을 평가하여 추천한다. 상장주선인의 요건은 최근 1년 이내 (상장예비심사신청일 기준)에 코스닥시장 상장법인의 상장을 주선한 실적이 있고 최근 2년간 상장을 주선한 해당 상장법인이 상장 후 2년 이내 관리종목, 투자주의 환기종목 지정 또는 상장폐지 사유가 발생하지 않았으며, 투자자 보호를 위하여 한국거래소가 자격을 제한한 상장주선인에 해당하지 않아야 한다. 코스닥시장의 일반기업과 기술성장기업의 상장요건 비교는 〈표 1-5〉와 같다.

---

3) 중소기업은 '중소기업기본법' 적용을 받는 기업으로 1. 평균매출액이 업종별로 400~1,500억 이하이고, 2. 자본총액이 5,000억 미만이며, 3. 소유와 경영의 실질적 독립성이 일정한 기준에 해당하는 기업임.

〈표 1-5〉 코스닥시장의 일반기업과 기술성장기업 상장요건 비교

구분	일반기업(벤처포함)		기술성장기업	
	수익성·매출액 기준	시장평가· 성장성 기준	기술평가 특례	성장성 추천
주식 분산 (택일)	① 소액주주 500명 이상(상장신청일 기준) & (a) or (b) 　(a) 소액주주 25% 미만 소유시(신청일 기준): 공모 10% 이상 & 소액 주주 지분이 25% 이상 　(b) 소액주주 25% 이상 소유시(신청일 기준): 공모 5% 이상(10억원 이상) ② 소액주주 500명 이상(상장신청일 기준)& 공모 10% 이상 & 공모주식수가 일정주식수 이상 ③ 소액주주 500명(상장신청일 기준) & 공모 25% 이상 ④ 소액주주 500명(상장신청일 기준) & 국내외 동시공모 20% 이상 & 국내공모주식수 30만주 이상 ⑤ 신청일 기준 소액주주 500명 & 모집에 의한 소액주주지분 25%(or 10%) 이상 & 공모주식수가 일정주식수 이상[4]			
경영 성과 및 시장 평가 등 (택일)	① 법인세차감전 계속사업이익 20억원 [벤처: 10억원] & 시총 90억원 이상	① 시총 500억 & 매출 30억 & 최근 2사업연도 평균 매출증가율 20% 이상	① 자기자본 10억원 이상	
	② 법인세차감전 계속사업이익 20억원 [벤처: 10억원] &자기 자본 30억원 [벤처: 15억원] 이상	② 시총 300억 & 매출액 100억원 이상 [벤처: 50 억원]	② 시가총액 90억원 이상	

4) 100만주(자기자본 500억~1천억), 200만주(자기자본 1천억~2,500억), 500만주(자기자본 2,500억 이상), 시가총액 기준은 자기자본 금액의 2배임.

	③ 법인세차감전 계속사업이익 있을 것 & 시총 200억원 & 매출액 100억원 [벤처:50억원] 이상	③ 시총 500억원 & PBR 2배 이상	〈공통요건〉 전문평가기관의 기술평가 결과가 A등급 & BBB 등급 이상일 것	〈공통여건〉 상장주선인이 성장성을 평가하여 추천한 중소기업일 것
	④ 법인세차감전 계속사업이익 50억원 이상	④ 시총 1,000억원 이상		
		⑤ 자기자본 250억원 이상		
		⑥ (코넥스 이전 상장 이익미실현 조건) 시총 750억원 & 코넥스 일평균 거래 대금 1억원 이상 & 소액주주 지분율 20% 이상		
감사 의견	최근사업연도 적정			
경영 투명성 (지배 구조)	상법상 사외이사, 상근감사 충족			
기타 요건	주식양도 제한이 없을 것 등			

출처: 한국거래소(2023.05), '2023 코스닥 상장심사 이해와 실무'

1.4 기술평가특례상장 기업사례

기술평가특례 상장기업에 대해 바이오 기업과 非바이오 기업 사례를 살펴보면 바이오 기업인 A사는 궤양성 대장염 치료제 등의 의약품을 개발하는 기업으로 국내 제약사 라이선스 경험과 글로벌 대형 제약사와의 라이선스 계약, 추가 파이프라인을 확보하고 있다. A사는 기술력평가에서 A와 BBB를 받았으며 IPO를 위해 NRDO 사업모델과 예상기술매출의 Valuation전략을 수립하여 2019년 12월에 상장에 성공하였다.

A사는 특례상장 이후 2019년에 600억원이 넘는 매출을 달성하였고 궤양성 대장염 치료제 후보물질의 글로벌 임상2상을 진행하여 후보물질 'BBT-401'의 다국가 임상2상을 완료하였다. 바이오 기업의 기술특례상장 사례는 〈표 1-6〉과 같다.

非바이오 기술평가특례 상장 사례인 B사는 반도체 소재 부품인 프로브카드용 세라믹 STF 제조 기업이다. B사는 2016년 삼성전기 세라믹 사업부를 인수하며 업계의 강자로 자리잡았고, 해외기업에 의존하던 세라믹 STF기판의 국산화에 성공하였다. 세계최초로 LTCC[5] 공법을 사용해 대면적 무수축 LTCC 세라믹 STF를 상용화하고 DRAM과 비메모리 등의 신제품 출시, 통신 모듈, 정

---

5) Low Temperature Co-fired Ceramic.

〈표 1-6〉 바이오기업 기술특례상장 사례

사례회사	영위사업		평가등급
A사	• 특발성 폐섬유증 치료제, 궤양성 대장염 치료제 등 신약 개발 • 공모 시점 기준으로 최근 사업연도는 순손실 −410억 원, 매출은 없음		A, BBB
최적 타이밍 결정요소	• 국내 제약사 라이선스 경험을 보유함(BBT, 임상2a상, 대웅제약 약 440억원 등 NRDO 사업 역량 입증) • BBT-877, 임상 1상, 베링거인겔하임 약 1조 5,000억원 등의 글로벌 대형 제약사와 라이선스 계약 • BBT-176, BBT-931과 같은 전임상단계의 추가 파이프라인 확보		
IPO 전략 및 추진경과	IR 포인트	• NRDO 사업모델 설득 – "가시적 수익창출 첫 번째 바이오텍 상장"	
	VALUATION	• 계약금 4,000만 달러, 기 체결 기술기반 매출(40%) + 예상기술매출(60%)	
	IPO	• 2019년 12월에 기업가치 약 4,060억원으로 상장함	

출처: 삼일인포마인(2021.10.25), '지금 당장 IPO를 목표로 도전하라', 제6장 성공적인 IPO전략

전척(ESC)영역으로 사업을 확대하고 있다.

B사는 기술력평가에서 평가등급 A(소부장특례)를 받았으며 반도체 업종의 Super Cycle 진입 기대, 소부장 산업의 국산화에 대한 관심, 기존 사업의 견고한 실적과 신규사업 공급계약 체결, 글로벌 수준의 기술력을 갖춘 세라믹 STF 국산화 기업으로 상장에 성공하였다. 非바이오 기업(소부장)의 기술특례상장 사례는〈표 1-7〉과 같다.

〈표 1-7〉 非바이오 기업(소부장)의 기술특례상장 사례

사례회사	영위사업		평가등급
B사	• 반도체 소재 부품 중 프로브카드용 세라믹 STF를 제조		A(소부장 특례)
최적 타이밍 결정요소	• 반도체 업종의 Super Cycle 진입에 대한 기대 • 시장관심, 유관기관의 소재/부품/장비 산업의 국산화에 대한 외부환경 요인 • 기존사업(NAND-STF) 견고한 실적 + 신규사업(DRAM-STF) 공급계약 체결		
IPO 전략 및 추진경과	IR 포인트	• 글로벌 최고 수준의 기술력을 갖춘 세라믹 STF 국산화 선도기업	
	VALUATION	• 주력사업(NAND, 75%) + 신규사업(DRAM/비메모리, 25%)	
	IPO	• 기업가치 약 2,510억~2,860억원에 수요예측 진행중(2021년 5월)	

출처: 삼일인포마인(2021.10.25), '지금 당장 IPO를 목표로 도전하라', 제6장 성공적인 IPO전략

1.5 기술특례상장 절차 및 전문평가기관

　기술특례상장제도는 2017년 전문평가기관으로부터 일정 등급 이상의 평가를 받아야 하는 기술평가특례와 상장 주관사로부터 성장성평가를 통한 추천을 받아야 하는 성장성특례로 다변화되었다. 전문평가기관은 기술성장기업을 기술기반 기업과 사업모델 기업

으로 구분하여 평가한다. 기술기반 기업의 경우 기술성과 시장성을 중심으로 평가하며, 사업모델 기업의 경우 사업성과 자원 인프라 등을 중점적으로 평가한다. 기술평가특례상장은 원칙적으로는 2개 기관에서 기술력평가를 A&BBB 등급 이상이어야 상장예비심사 신청자격이 주어진다.

2021년 유니콘 특례제도가 도입되면서 시장평가가 우수한 기업의 경우 기술평가 절차가 간소화되었다. 시가총액 1조원 이상의 기업은 전문평가기관의 기술평가를 생략하고, 시가총액 5천억원 이상 기업의 경우 1개 전문평가기관에서 A등급 이상을 받으면 되는 단수평가를 도입하였다.

기술성장기업의 기술특례상장 트랙별 심사 절차는 〈그림 1-1〉과 같다. 신청기업이 기술평가특례로 신청하면 전문평가기관 2곳으로부터 기술력을 평가받아서 A&BBB 이상의 등급을 받아야 하

〈그림 1-1〉 기술성장기업의 기술특례상장 기술평가 및 심사절차

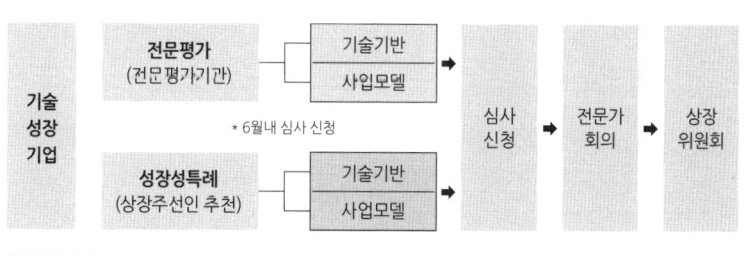

출처: 한국거래소(2023.05.30), '2023 코스닥 상장심사 이해와 실무'; 스타트업얼라이언스(2023.10.27), '기술특례상장 제도 개선 바로알기'

고, 성장성특례는 상장주선인이 해당기업의 성장성을 평가하여 추천하면 상장예비심사 신청자격을 얻게 된다. 이후에 신청기업은 KRX에 상장심사를 신청하고 KRX는 전문가회의와 상장위원회 심의를 거쳐 상장 여부를 결정한다.

기술평가특례의 기술력 전문평가기관은 초기에는 생명공학연구원 등의 전문연구기관이 대부분을 차지하였으며 2011년 기준으로 11개이다. 기술특례상장에서 대상업종이 전업종으로 확대되면서 전문연구기관 이외에 기술신용평가(TCB)기관이 추가되어 전문평가기관은 2023년 12월 기준 총 25개(국책연구기관 18개, TCB 7개)이다. 기술특례상장의 전문평가기관 현황은 〈표 1-8〉과 같다.

〈표 1-8〉 기술특례상장 전문평가기관 현황(2023년 12말 기준)

구분	내용
정부산하 연구/평가기관 (18개)	한국과학기술연구원, 한국과학기술정보연구원, 한국보건산업진흥원, 한국산업기술기획평가원, 한국전자통신연구원, 정보통신기술진흥센터, 한국생명공학연구원, 한국기계전기전자시험연구원, 한국식품연구원, 해양수산과학기술진흥원, 농업기술실용화재단, 한국인터넷진흥원, 정보통신정책연구원, 금융보안원, 한국에너지기술평가원, 국토교통과학기술진흥원, 한국발명진흥회, 한국산업기술진흥원 등
TCB(7개)	기술보증기금, 나이스평가정보, 한국평가데이터, 이크레더블, 나이스디앤비, SCI평가정보, 한국기술신용평가

출처: 한국거래소 홈페이지, https://listing.krx.co.kr/contents/LST/04/04020600/LST04020600.jsp

1.6 기술특례상장기업 현황

코스닥시장의 상장기업 중 기술특례기업이 차지하는 점유율은 높아지고 있다. 국내 벤처기업은 코스닥시장에 진입하기 위해 기술특례상장을 전략적으로 활용하고 있다. 기술특례상장기업은 2005년 도입 이후 지속적으로 증가하였고 2018년부터 매년 20개 이상의 기업이 코스닥시장에 상장되고 있다. 기술특례상장은 2005년 바이오 벤처기업에 한정되어 도입되었으나, 2011년부터 적용 업종이 확대되기 시작하였고, 2014년에는 실질적으로 업종 제한이 없어졌다.

최근 13년('11~'23) 동안의 코스닥시장의 신규상장기업과 기술특례기업 현황은 〈표 1-9〉와 같다. 2011년 전체 신규상장기업은 61개이고 이중 기술특례기업은 3개로 전체에서 차지하는 비중은 4.9%로 미미한 수준으로 나타났다. 반면, 2023년에 전체 신규상장기업 97개에서 기술특례기업(35개)이 차지하는 점유율은 36.1%로 증가하였다. 그러나 코스닥시장의 신규상장기업 중 기술특례기업이 차지하는 비중은 높아지고 있지만 많은 기업이 아직 성과를 실현하지 못하고 있어서 질적 측면에서의 개선이 필요한 상황이다.

기술특례상장은 2017년 바이오 업종이 전체에서 차지하는 비중은 71.4%로 대부분을 차지하였지만 업종이 다양해지면서 2021년에는 非바이오 업종의 비율이 71.0%로 증가하였다. 기술특례상장의 바이오/非바이오 기업의 상장 추이는 〈표 1-10〉과 같다.

〈표 1-9〉 코스닥시장의 신규상장기업 대비 기술특례상장기업 현황
(2011~2023) (단위: 개, %)

구분	'11년	'12년	'13년	'14년	'15년	'16년	'17년	'18년	'19년	'20년	'21년	'22년	'23년	합계
신규상장기업	61	26	38	43	77	70	79	81	78	84	91	101	97	926
기술특례기업	3	0	4	2	12	10	7	21	22	25	31	28	35	200
점유율	4.9%	0.0%	10.5%	4.7%	15.6%	14.3%	8.9%	25.9%	28.2%	29.8%	34.1%	27.7%	36.1%	21.6%

출처: 김기용과 고영희(2023), '성장기업 지원제도 개선과 활성화 효과 연구: 코스닥 기술특례상장제도를 중심으로', 정책개발연구 23(1); 법무법인지평(2024), '지평 IPO 실무연구(2024)', 박영사

〈표 1-10〉 기술특례상장의 바이오/非바이오 기업의 상장 추이(2017~2021)
(단위: 개, %)

구분		2017년	2018년	2019년	2020년	2021년
非바이오	소부장	-	-	-	5	9
	소프트웨어	-	2	3	3	11
	기타	2	4	5	-	2
	소계	2	6	8	8	22
	(점유율)	28.57%	28.57%	36.36%	32.00%	70.97%
바이오		5	15	14	17	9
(점유율)		71.4%	71.4%	63.6%	68.0%	29.0%
합계		7	21	22	25	31

출처: 언론기사, 코스닥신규상장기업 한국거래소 보도자료; 김기용과 고영희(2023), '성장기업 지원제도 개선과 활성화 효과 연구; 코스닥 기술특례상장제도를 중심으로', 정책개발연구 2023 23(1)

2018년까지 기술특례상장에서 非바이오 기업의 상장 점유율은 30% 수준으로 높지 않았지만 2019년부터 AI/빅데이터 등의 번역 서비스, 의료영상진단, 빅데이터 플랫폼, 영상 분야 등 다양한 업종에서 AI 기술을 융합한 기업들이 기술성과 시장성을 인정받아 기술특례로 코스닥시장에 상장하여 非바이오 기업의 점유율이 증가하였다. 인공지능(AI) 기술특례상장 기업은 2019년에 플리토 등의 4개 기업에서 2020년 5개사, 2021년 7개사로 점차 증가하였다. 코스닥시장의 인공지능(AI) 기술특례상장기업 현황(2019~2023)은 〈표 1-11〉과 같다.

〈표 1-11〉 코스닥시장의 인공지능(AI) 기술특례상장기업 현황(2019~2023년)

(단위: 개)

구분	기업명	상장일	주요제품	비고
2019년 (4개사)	플리토	'19.07.17	AI 번역	기술특례 (사업모델)
	미디어젠	'19.11.05	AI 음성인식 소프트웨어	기술특례
	제이엘케이 인스펙션	'19.12.11	AI 의료영상 진단 플랫폼	기술특례
	신테카 바이오	'19.12.17	유전체 빅데이터 기반 AI 신약개발	기술특례 (성장성 추천)
2020년 (5개사)	솔트룩스	'20.07.23	AI 소프트웨어	기술특례
	바이브 컴퍼니	'20.10.28	AI 플랫폼	기술특례
	클리노믹스	'20.12.04	유전체 분석·진단, AI 기반 게놈 빅데이터 이용 유전자 분석 서비스	기술특례 (성장성 추천)
	퀀타매트릭스	'20.12.09	체외진단, 이미지 분석 및 알고리즘 기술	기술특례

	알체라	'20.12.21	얼굴인식 AI	기술특례 (성장성 추천)
2021년 (7개사)	씨이랩	'21.02.24	빅데이터 플랫폼	기술특례
	뷰노	'21.02.26	AI 의료영상분석서비스	기술특례
	라이프 시맨틱스	'21.03.23	개인건강기록 플랫폼 등	기술특례 (사업모델)
	자이언트스텝	'21.03.24	광고 VFX 등	기술특례
	딥노이드	'21.08.17	의료 AI 플랫폼	기술특례
	비트나인	'21.11.10	그래프 DB	기술특례
	마인즈랩	'21.11.23	종합 AI 엔진 및 플랫폼	기술특례
2022년 (6개사)	핀텔	'22.10.20	AI 영상 분석 솔루션 및 소프트웨어	기술성장기업[6]
	루닛	'22.07.21	Lunit INSIGHT	기술성장기업
	코난 테크놀로지	'22.07.07	AI 기반 검색엔진, AI 기반 영상인식 솔루션	기술성장기업
	비큐 AI	'22.06.20	아이서퍼, 위고몬 등	기술성장기업
	모아데이타	'22.03.10	인공지능 기반 ICT 시스템 이상탐지 및 예측 솔루션	기술성장기업
	스코넥	'22.02.04	XR 교육/훈련 시스템, VR 게임 콘텐츠	기술성장기업
2023년 (2개사)	크라우드웍스	'23.08.31	인공지능 데이터 구축 서비스	기술성장기업
	씨유박스	'23.05.19	AI 얼굴인식 시스템, AI 얼굴인증 솔루션 등	기술성장기업

출처: 한국거래소 상장공시시스템(kind.krx.co.kr)

---

6) 기술성장기업은 코스닥시장 상장규정 제2조제31항제1호(기술평가특례) 및 제2호(성장성특례)에 따라 상장된 기업.

제2장

KRX의 기술특례상장제도

2.1 기술특례상장제도 변화

2.2 기술특례상장과 일반상장기업의 특성 비교

2.3 KRX 기술력평가의 평가요인

2.4 기술력평가 평가요인의 신청기업 준비 및 유의사항

2.5 자본시장에서 주식가격과 이익예측 간의 관계

2.6 기술특례상장의 상장폐지 요건 및 상장폐지 현황

2.1 기술특례상장제도 변화

KRX의 기술특례상장제도의 주요 변화사항은 〈그림 2-1〉과 같다. 2005년 성장형 바이오 벤처기업을 대상으로 기술평가특례상장 제도를 도입하였고, 2014년에 전체 업종으로 확대하였다. 2015년 기술평가기관으로 TCB사를 추가하고, 2017년 기술력은 보유하고 있지만 이를 객관적으로 평가받기 어려운 성장성 기업은 상장주관사의 추천으로 상장예비심사 자격을 얻을 수 있도록 성장성 추천 및 사업모델특례 제도를 신설하였다. 2019년 공정성/신뢰성 개선을 위해 특례상장용 기술평가항목을 개선하고, 소부장기업의 특례제도를 도입하였다. 2021년 소부장기업 특례간소화를 위해 기존 2곳의 전문평가기관에서 A와 BBB 이상의 등급을 받아야 하는 것

〈그림 2-1〉 기술특례상장제도의 주요 변화

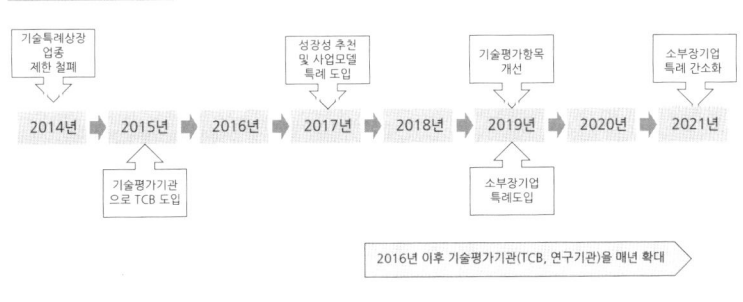

출처: 김기용과 고영희(2023), '성장기업 지원제도 개선과 활성화 효과 연구: 코스닥 기술특례상장제도를 중심으로', 정책개발연구 2023 23(1)

을 1곳의 평가기관으로부터 A등급 이상 받으면 기술특례 심사신청이 가능하게 개선하였다.

　기술특례상장제도는 신청 및 심사 과정에서 전략기술기업[1]에 대한 상장 지원은 미흡한 상황이다. 또한 일부 기술특례상장기업은 상장 후에 주가하락과 실적 저조 등의 문제가 나타나고 있어서 정부는 신청/심사 및 투자자 보호 관점에서 사후관리체계 개선방안을 마련하였다. 정부의 기술특례상장제도 개선방향은 〈그림 2-2〉와 같다. 기술특례상장제도의 개선방향은 크게 문호 확대와 규율 강화이고 이를 위해 14개 과제와 세부 개선안을 발표하였다. 상장

〈그림 2-2〉 정부의 기술특례상장제도 개선 방향

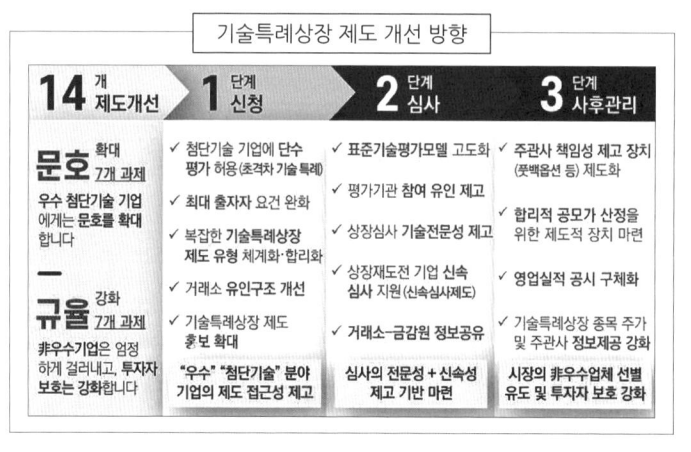

출처: 관계기관합동(2023.07.27), '기술특례상장 제도 개선 방안', 재구성

---

1) 전략기술기업은 국가전략기술 12대 분야 50개 중점기술을 보유한 기업.

단계별 개선안은 1단계 신청에서 우수/첨단 기술 분야 기업의 제도 접근성 제고, 2단계 심사는 심사의 전문성/신속성 제도 기반 마련, 마지막 3단계 사후관리는 시장의 非우수기업 선별유도 및 투자자 보호 강화이다.[2)]

정부의 기술특례상장제도 개선안을 자세히 살펴보면 1단계 신청 단계는 딥사이언스/딥테크 등의 첨단분야 및 우수기업의 제도 접근성 강화를 위해 기술특례상장 유형을 체계화·합리화하고 우수기업 발굴을 위해 KRX의 유인구조 개선 및 홍보강화 등이다. 2단계 심사단계는 심사단계별 전문성을 높여 심사의 공정성·전문성을 제고하고, 표준기술평가모델(표준모델)을 고도화하고 기술특례상장 재도전 기업의 신속한 심사를 위한 제도적 기반을 마련하였다. 마지막으로 3단계 사후관리 단계는 우수기업의 자본시장 접근성을 제고하고 부실기업은 시장에서 선별 가능하도록 상장주관사의 책임을 강화하고 정보제공을 확대하며 기술특례 상장기업의 영업실적 정보의 신뢰성을 제고하는 등의 개선방안을 제시하였다. 정부의 기술특례상장제도의 단계별 주요 개선내용은 〈표 2-1〉과 같다.

〈표 2-1〉 정부의 기술특례상장제도의 단계별 주요 개선 내용

구분	주요 내용
1단계 (신청)	• 딥사이언스·딥테크 등 "첨단기술" 분야 "우수" 중소기업이 보다 용이하게 기술특례상장을 추진할 수 있도록 제도 정비

---

2) 관계기관합동(2023.07.27), '기술특례상장 제도 개선 방안'.

	• 중견기업이 지분 일부를 보유한 우수 중소기업의 기술특례상장 신청 허용 • 기술특례상장 유형 체계화·합리화 • 한국거래소의 유인구조 개선, 홍보강화 등을 통해 우수기업 발굴 노력 강화
2단계 (심사)	• 심사단계별 기술 전문성을 높여 심사의 공정성·전문성을 제고하고, 신속한 심사를 위한 제도적 기반 마련 • 표준기술평가모델(표준모델) 고도화 • 국책연구기관 기관평가지표 개정 등을 통한 참여 유인 제고 • 다양한 분야 기술전문가가 보다 많이 상장심사에 참여하도록 제도화 • 기술특례상장 재도전 기업 대상 신속심사제도 도입 • [상장심사(거래소)-증권 신고서 심사(금감원)] 절차 간 유기적 연계 강화
3단계 (사후관리)	• 우수기업의 자본시장 접근성은 제고하고, 부실기업은 엄정히 걸러낼 수 있도록 주관사의 책임성 제고 및 정보제공 강화 • 기술특례상장 기업의 상장폐지 등이 발생 시에 해당 기업을 상장한 주관사가 추후 기술특례 상장 주선 시 추가조건 부과 등(① 풋백옵션[3] 부과[6개월], ② 의무인수주식보호예수기간[4] 연장[3 → 6개월]) • 기술특례상장 기업 영업실적 정보 신뢰성 제고 • 기술특례상장 종목 주가·주관사 관련 정보 제공 범위 확대 및 비교검색 기능 강화

출처: 관계기관합동(2023.07.27), '기술특례상장 제도 개선 방안', 저자 재구성

---

3) 풋백옵션(락업)은 주식이나 실물 등 자산을 인수한 투자자들이 일정한 가격에 되팔수 있는 권리를 부여하는 계약으로 주식거래에 이용될 경우 주식매도청구권임. 풋백옵션이 부과되면 기술특례 상장폐지 기업의 상장주선인이 기술특례상장을 주선할 경우에 해당 주식매도청구권을 6개월 동안 행사하지 못하게 됨.
4) 의무인수주식보호예수기간은 해당주식의 거래가 불가능한 기간으로, 의무인수주식보호예수기간이 지나면 주식거래가 가능하게 되어 주식의 공급이 증가하면서 급격한 주가하락이 발생하기도 함(출처: 기획재정부, 시사용어 사전-의무보호예수).

2.2 기술특례상장과 일반상장기업의 특성 비교

기술특례상장과 일반상장기업 간의 특성은 상장전의 재무성과 및 기관투자가 주식 비중, 상장후의 시가총액, IPO공모 비용을 비교한다.

2.2.1 상장 전 재무성과 및 기관투자가 주식비중

특례상장기업과 일반상장기업 간의 상장 전년도 재무정보 및 기관투자가 주식비중은 〈표 2-2〉와 같다. 자본시장연구원(2022.08.29)에 의하면 특례상장기업과 일반상장기업의 상장 전의 자산과 자기자본 규모는 중위 값을 기준으로 특례상장기업은 일반상장기업의 약 1/2 수준이다. 매출액은 일반기업이 498억원이고 특례상장기업은 48억원으로 특례상장기업은 일반상장기업의 약 1/10 수준으로 나타났다. ROA는 일반상장기업은 13.2%로 양호한 수익률을 보이고 있지만 특례상장기업은 −16.7%로 매우 낮게 나타났다. 반면, 매출액성장률은 특례상장기업이 21.0%, 일반상장기업이 24.2%로 유사한 수준이고 업력은 특례상장과 일반상장기업이 11년으로 동일하게 나타났다. 따라서 특례상장기업은 일반상장기업과 비교하여 상장 전년도의 매출/수익률 등의 재무부분은 취약하지만 매출액성장률과 업력은 유사한 수준으로 분석된다.

기관투자가의 주식소유 비중은 특례상장기업이 10.0%, 일반상장기업은 8.9%로 특례상장기업은 일반상장기업에 비해 1% 정도 높게 나타났다. 특례상장기업은 일반상장기업에 비해 재무적 성과는 낮지만 기술력을 인정받아서 벤처캐피털과 기관투자가로부터 더 많은 자금을 조달한 것으로 평가된다.

〈표 2-2〉 특례상장기업과 일반상장기업 간의
상장 전년도 재무/기관투자가 주식비중

구분	전체			바이오		
	특례상장	일반상장	검정 통계치	특례상장	일반상장	검정 통계치
자산	220억원	446억원	-9.9	204억원	351억원	-5.2
자기자본	93억원	245억원	-9.8	95억원	237억원	-5
매출액	48억원	498억원	-14.4	26억원	315억원	-7.7
ROA	-16.7%	13.2%	-16.9	-24.1%	12.4%	-10.2
매출액 성장률	21.0%	24.2%	0.02	39.1%	22.2%	-1.38
업력	11년	11년	0.20	9.5년	12년	3.22
기관 주식보유 비중	10.0%	8.9%	1.10	9.0%	7.7%	0.82
표본 수	137	790		88	80	

주: 자산, 자기자본, 매출액, ROA, 매출액 성장률은 Wilcoxon Rank-Sum Test를 이용하여 상장유형 간 중위 값의 차이를 검증하였고, 기관 주식보유비중은 t-검정을 통해 상장유형 간 평균값의 차이를 검증함. 명목변수인 자산, 자기자본, 매출액은 CPI(소비자물가지수, 2020년=100)를 이용하여 실질변수로 전환함
출처: 자본시장연구원(2022.08.29), '특례상장 기업의 성과분석과 시사점', 이슈보고서 22-16

2.2.2 상장 후의 시가총액

특례상장과 일반상장기업들의 상장 후 5일 영업일 종가 기준으로 시가총액[5]을 비교하면 〈그림 2-3〉과 같다. 특례상장기업의 상장 후의 시가총액은 대부분의 분위에서 일반상장보다 1.5배 정도 높게 나타났다. 특례상장기업은 상장 전에 자산, 자기자본, 매출액은 일반상장에 비해 크지 않았지만 기술력에 대한 시장의 평가로 인해 상장 후의 시가총액은 일반상장기업보다 크게 나타난 것으로 보인다.

2.2.3 특례상장기업과 일반상장기업의 IPO 공모비용

상장기업의 인수수수료율[6]과 초기수익률을 통해 특례상장과 일반상장기업 간의 IPO비용을 비교한다. 전자인 인수수수료율은 투자자 유치가 어려운 IPO 기업은 주관사에 더 높은 인수수수료율을 지불해야 하므로 IPO의 직접비용이다. 후자인 초기수익률은 IPO가 어려운 기업은 투자자 유치를 위해 낮은 공모가를 책정하고 저가 공모가 책정(underpricing)은 초기 수익률을 낮추게 되므

---

5) 시가총액은 상장 후 5영업일 종가에 상장주식수를 곱하여 산출함.
6) 인수수수료는 공모금액에 기업, 증권사가 협의한 인수수수료율을 곱하여 산정함. 2022년 LG에너지 솔루션의 IPO 공모가는 12조 7500억원으로 인수수수료는 196억원임(출처: DealSite(2023.01.04.), "증권사 인수수수료 '빈익빈 부익부'").

〈그림 2-3〉 특례상장과 일반상장기업 간의 상장 후의 시가총액 비교

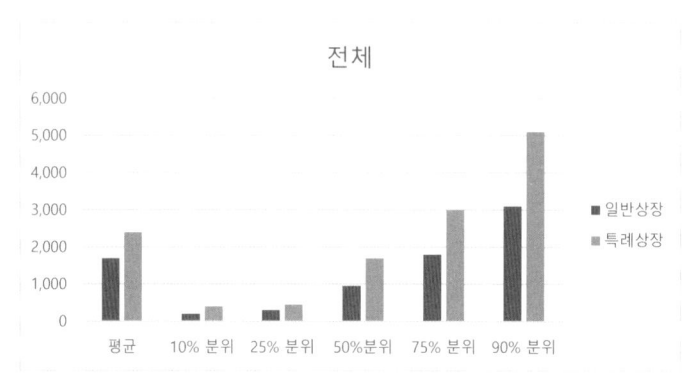

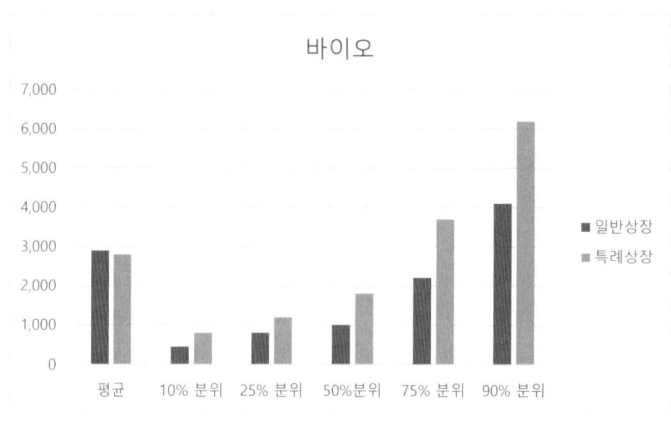

주: 시가총액은 CPI(소비자물가지수, 2020년=100)를 이용하여 실질변수로 전환함
출처: 자본시장연구원(2022.08.29), '특례상장 기업의 성과분석과 시사점', 이슈보고서 22-16

로 IPO 과정에서 기업이 지불하는 간접비용으로 간주한다.

특례상장과 일반상장기업 간의 IPO 비용은 〈표 2-3〉과 같다. 전체 업종에서 특례상장기업은 일반기업과 비교하여 인수수수료율은 0.8%p, 초기수익률은 3.3%p 정도 높아서 차이가 크지 않다. 반면, 바이오 업종에서 특례상장기업은 일반상장기업에 비해 인수수익률은 0.5%p 높지만 초기수익률은 −15.9%p로 매우 낮게 나타났다.

따라서 특례상장과 일반상장기업 간의 IPO 공모비용은 전체 업종 대상으로는 차이가 크지 않지만, 바이오 업종의 경우 특례상장기업의 초기수익률이 일반기업과 비교하여 상당히 낮아서 특례상장기업의 IPO 비용이 더 높은 것으로 평가된다.

〈표 2-3〉 특례상장과 일반상장기업 간의 IPO 비용

구분		특례상장	일반상장	차이	t-stat
전체 업종	인수 수수료율	4.90%	4.09%	0.8%p	3.55***
	초기 수익률	39.7%	36.4%	3.3%p	0.53
	표본 수	137	790		
바이오 업종	인수 수수료율	4.69%	4.19%	0.5%p	2.00***
	초기 수익률	31.3%	47.2%	−15.9%p	−2.06***
	표본 수	88	80		

주: *, **, ***는 각각 10%, 5%, 1% 수준에서 통계적으로 유의함
출처: 자본시장연구원(2022.08.29), '특례상장 기업의 성과분석과 시사점', 이슈보고서 22-16

2.3 KRX 기술력평가의 평가요인

기술력평가는 기술특례상장용, 융자용, 투자용이 있으며 해당 평가목적에 맞는 평가모형을 사용해야 한다. 기술특례상장용 평가모형은 KRX가 제시하는 평가항목을 기본으로 기술력평가전문기관이 자체적으로 평가모형을 구축하여 사용하고 있다. 융자용 기술력평가모형은 기술보증기금 등의 5개 TCB사가 기존에 자체적으로 개발하여 사용하던 평가모형을 2020년에 통합하여 단일화하여 개발하였다. 투자용 기술력평가모형은 산업통상자원부와 금융위원회가 2016년에 기존의 STBR 모형을 통합/정비하여 개발하였다. 기술력평가모형의 유형과 특징은 〈표 2-4〉와 같다.

KRX는 기술특례상장기업이 증가하면서 기술성/시장성이 부족한 기업들이 상장되는 경우가 발생하고 이로 인한 투자자 보호를 위해 기술특례상장용 기술력평가의 평가요인을 정비하고 평가사항을 구체화하여 상장심사를 강화하고 있다. KRX는 기술특례상장용 평가요인을 2021년과 2024년에 변경하였다.

2024년 기준 기술특례상장 평가모형의 평가요인은 〈표 2-5〉와 같다. 기술특례상장 평가모형의 평가요인은 대분류기준으로 기술성과 시장성으로 구성된다. 기술성의 평가항목은 중분류 기준으로 기술의 완성도, 기술의 경쟁우위도, 기술개발환경 및 인프라이고 각 평가요인에 대해 하위 평가사항이 있다. 시장성의 평가요인은 중분

〈표 2-4〉 기술력평가모형의 유형과 특징

구분	내용
기술특례상장	• 기술특례상장 평가모형은 KRX가 제공하는 평가항목을 기준으로 KRX가 지정한 기술력평가전문기관이 자체적으로 기술력평가모형을 구축하여 사용하고 있음
융자용	• 융자용 기술력평가모형은 기술보증기금과 TCB 중심으로 활용되었으며 5개 TCB[7]사가 독립적으로 운영하고 있던 기술력 평가모형을 2020년에 단일화하여 개발함
투자용	• 투자용 기술력평가모형은 2016년에 산업통상자원부와 금융위원회가 기존의 융자/보증용 중심의 STBR 모형을 통합/정비하여 개발하였고, 기술평가실무가이드(2020)에 수록됨

출처: 산업통상자원부(2021), '2020 기술평가 실무가이드'. 저자 재구성

류 기준으로 목표시장의 잠재력, 제품/서비스의 사업화수준, 제품/서비스의 경쟁력으로 구성되고 평가요인의 하위 평가사항이 있다.

   기술특례상장은 신청기업의 기술력·성장성을 평가하기 때문에 기술력평가 요인에서 명시적으로 매출액 등의 재무요건에 대한 평가항목은 제시하지 않는다. 다만, 간접적으로 매출 등의 평가요인에 영향을 미치는 항목은 〈표 2-5〉에서 사업모델의 수립 수준, 판매처 확보 수준, 제품·서비스의 우수성, 제품·서비스의 시장 점유수준 항목 등이다. 매출이 지속적으로 발생하면 제품·서비스를 활용한 사업모델이 실제적으로 수익을 창출할 수 있다고 판단할

---

7) TCB(Tech Credit Bureau)는 기술신용평가로 기업이 보유한 기술정보와 신용정보를 결합/평가하여 기술신용등급을 산출/조회/제공하는 기관으로 기술보증기금, 나이스평가정보, 이크레더블 등이 있음(출처: 금융위원회, 알림마당).

⟨표 2-5⟩ 기술특례상장 평가모형의 평가요인(2024.07 기준)

구분 (대분류)	평가항목 (중분류)	주요 평가 사항
기술성	기술의 완성도	• 기술의 진행정도 • 기술의 신뢰성 • 기술의 자립도
	기술의 경쟁우위도	• 기술의 차별성 • 기술의 모방난이도 • 기술의 확장성
	기술개발환경 및 인프라	• 연구개발 활성화 수준 • 경영진의 전문성 • 기술인력 등 관리체계
시장성	목표시장의 잠재력	• 목표시장의 규모 및 성장성 • 목표시장의 특성
	제품/서비스의 사업화 수준	• 사업모델 수립 수준 • 자본조달 능력 • 생산 및 품질관리 역량 • 판매처 확보 수준
	제품/서비스의 경쟁력	• 제품/서비스의 우수성 • 제품/서비스의 시장 점유수준 • 제품/서비스의 확장 가능성

출처: 한국거래소, http://listing.krx.co.kr/contents/LST/04/04020600/LST04020600.jsp
(검색일, 2024.07)

수 있으므로 해당 평가요인은 유리하게 평가될 수 있다. 매출이 우상향하고 있다면 제품이 우수하여 매출이 꾸준히 증가한다고 판단할 수 있어서 '제품·서비스의 우수성'에서 긍정적인 평가를 받을 수 있다. 또한 매출이 크다면 시장 점유수준이 높을 수 있다. 평가대상 제품의 매출이 직접적으로 평가요인에 반영되지는 않지만 평가기술이 적용된 제품에서 매출이 발생하고 매출의 성장추세라면 기술력평가에 좋은 등급을 받을 수 있을 것이다.[8]

기술특례상장은 신청기업이 우수한 기술력을 보유하고 있는지가 가장 중요한 평가항목이지만, 최종적으로 구현된 기술제품이 경쟁력이 있는지 사업적으로 성공 가능성이 있는지에 대한 평가요소가 강화되었다. 기술특례상장 신청기업은 명확한 매출 실적을 제시하거나, 신뢰성 있는 객관적인 자료를 기반으로 구체적인 사업전략을 제시해야 한다. 최근 기술특례상장의 기술력평가모형은 사업성[9]의 중요도가 높아지고 평가대상기술이 적용된 기술제품의 매출규모 및 성장성이 더욱 중요해지고 있다.

㈜파두(반도체 팹리스 기업)는 기술특례상장으로 2023년 하반기에 코스닥시장에 상장되었다. 파두는 2023년 상장 과정에서 증권신고서에 연간 매출 추정치는 1,203억원, 밸류에이션은 1조원 이상으로 제시하였다. 그러나 동사의 매출은 2023년 2분기 5,900만원이고 3분기 3억 2,000만원으로 추정치인 1,203억원과 실적치 간의 차이가 매우 커서 뻥튀기 상장으로 논란이 되었다.[10] KRX는

---

8) 연합인포맥스(2024.01.23), '[IB스토리] 기술특례상장에 매출 중요할까⋯2024년 IPO 준비 전략은'.
9) ⟨표 2-5⟩의 기술특례상장용 평가모형은 2024년 개정되면서 대분류 기준으로 기술성/시장성으로 구분되었지만 시장성의 중분류 항목인 '제품/서비스 사업화수준'과 '제품/서비스의 경쟁력'은 사업성에 해당된다.
10) FORTUNE KOREA(2024.05.02), '금감원, '뻥튀기 상장' 파두 사태 관련 SK하이닉스 압수수색'.

㈜파두와 같이 실적 추정치와 실제 매출 간에 괴리가 크고 이로 인한 선의의 투자자 보호를 위해 기술특례상장용 평가요인에 사업성을 보강하여 평가요인을 변경하였다.

또한 KRX는 기술특례상장에서 신청기업이 상장 전 증권신고서에 제시한 연간매출 추정치와 상장 후의 실제 매출 간의 차이가 큰 것을 방지하기 위해 상장예비심사 승인 후 상장 이전까지 월별 매출계획, 시장성 의견, 시나리오별 예상매출액, 자본잠식상태의 신청기업은 해소계획 등을 제출하도록 하였다. KRX의 상장심사 프로세스 개선방안은 〈그림 2-4〉와 같다.

〈그림 2-4〉 KRX의 상장심사 프로세스 개선방안

▲상장예비심사 승인 이후 상장 이전까지 기간 동안의 '월별 매출'에 관한 공시계획 제출 ▲시장성 의견서 게시 ▲추정 시나리오(낙관적, 중립적, 보수적)별 예상 매출액 공지 ▲자본잠식 상태 기술성장기업의 자본잠식 해소 계획 제출

출처: 연합인포맥스(2024.01.23), '[IB스토리] 기술특례상장에 매출 중요할까…2024년 IPO 준비 전략은'

2.4 기술력평가 평가요인의 신청기업 준비 및 유의사항

신청기업의 기술특례상장용 기술력평가의 준비 및 유의사항은 〈표 2-6〉과 같다. 기술성 평가항목의 중분류인 '기술의 완성도'와 '기술개발환경 및 인프라'는 정량적 평가항목으로 대상기술과 관련된 수상내역, ISO 등의 인증서류, 연구개발인력 규모 및 학력, 경영진경력 등을 증빙할 수 있는 자료를 준비한다. 기술의 경쟁우위의 중분류인 기술의 차별성, 기술의 모방난이도, 기술의 확장성은 정성적 평가로 평가요인을 증빙할 수 있는 객관적인 자료, 기술/경쟁사와의 차별성 비교 자료, 기술력 증빙자료를 준비한다.

시장성은 중분류 기준으로 목표시장의 잠재력, 제품/서비스의 사업화수준, 제품/서비스의 경쟁력 평가요인으로 구성된다. 목표시장의 잠재력은 목표시장의 규모 및 성장성, 목표시장의 특성을 평가하므로 신청기업은 해당 목표시장에 대해 전체시장(TAM)보다는 기술대상 제품과 관련성이 있는 SAM과 초기에 진입가능한 SOM으로 세부적으로 목표시장[11] 자료를 준비한다. 제품/서비스의 사업화수준은 사업모델수준, 자본조달능력, 생산 및 품질관리역량을 평가한다. 사업모델 수립수준은 향후 수익성, 시장점유율의 확보가능성 자료를 준비하고 자본조달능력은 대상제품의 상용화를 위

---

[11] TAM(total addressable market, 전체시장), SAM(serviceable addressable market)은 도달 가능하고 비즈니스와 연관성이 있는 TAM의 일부, SOM (serviceable obtainable market, 유효시장)으로 초기에 진입가능한 시장임.

한 자본조달방안 및 투자계획에 대해 향후 5년 동안 연차별로 계획을 수립하고 생산 및 품질관리 자료를 준비한다.

제품/서비스의 시장경쟁력은 제품/서비스 우수성, 제품/서비스의 시장점유 수준, 제품/서비스의 확장가능성을 평가한다. 해당 평가요인에 가장 크게 영향을 미치는 요소는 시장점유율과 매출액이다. 평가대상제품의 시장점유율과 매출을 증빙하기 위한 직/간접적인 구체적인 데이터와 경쟁사 제품대비 기술제품의 원가/품질 등의 경쟁우위에 대해 가능한 객관적인 자료를 준비한다.

〈표 2-6〉 신청기업의 기술력평가 평가요인 준비 및 유의사항

구분	평가항목 (중분류)	주요 평가사항	준비 및 유의사항
기술성	기술의 완성도	• 기술의 진행정도 • 기술의 신뢰성 • 기술의 자립도	• 정량적 평가항목으로 객관적인 자료준비 • 수상, ISO 등 인증사항, 기술사업화 실적 등
	기술의 경쟁 우위도	기술의 차별성	• 객관적인 자료만을 가지고 평가를 진행하는 것이 원칙이므로 좋은 평가결과를 위해서는 기술의 차별성에 대한 최대한 많은 근거를 준비해야 함 • 기술의 차별성은 비교자료로 제시해야 함 (직접 시각적으로 확인할 수 있는 결과물을 제시하거나 대회에서의 수상, 경쟁입찰에서 낙찰 내역 등) • 상장평가를 준비하는 기업의 특성에 따라 기술력을 증빙할 수 있도록 최대한 객관적인 근거자료를 준비해야 함
		기술의 모방난이도	• 각각의 특허들로 어떤 기술을 어떻게 보호하려고 하는지, 구체적으로 어떤 사업적 전략을 위해 어떤 특허를 확보

			한 것인지 설명 • 특허 출원에 대한 명확한 전략과 이유가 필요 • 타 기업 보유 특허와 자사 보유 특허의 관계 설명이 도움이 될 수 있음 • 수준 높은 핵심 인력의 장기간 근속연수, 기술개발에 상당한 투자가 이루어진 경우에 모방 난이도가 높은 것으로 인정받을 수 있음
		기술의 확장성	• 기술의 확장성은 사업성 입증 측면에서 중요한 부분으로 세부적인 전략 제시 • 높은 확장성을 가진 기술임을 강조하고 추후 영업이익과 매출액 성장이 가능하다는 것을 설명해야 함 • 현재 보유하고 있는 기술과 사업 간의 확장전략에 대한 구체적인 방안 제시 • 현재 사업과 관련성이 작은 사업 또는 지리적 거리가 있는 사업에 대한 명확한 근거나 전략 제시
	기술개발 환경 및 인프라	• 연구개발활성화 수준 • 경영진의 전문성 • 기술인력의 관리 체계	• 정량적 평가항목으로 객관적인 자료준비 • 주요 연구개발 인력규모/근속연수/퇴사율 등, 경영진의 이력/학력 등 자료 준비
시장성	목표시장 의 잠재력	• 목표시장의 규모 및 성장성 • 목표시장의 특성	• TAM이 아닌 SAM과 SOM 제시 • 대상기술제품의 사업과 관련성이 적은 TAM을 제시할 경우에 목표시장 규모 파악이 어려움 • 상위시장보다 세부시장을 제시해야 신청기업은 상대적으로 제품 경쟁력을 인정받을 수 있음
	제품/ 서비스의	• 사업모델 수립 수준	• 비즈니스 모델은 현재 비즈니스 모델의 수익성, 향후 수익성 개선이 충분히 가

사업화 수준	• 자본조달 능력 • 생산 및 품질관리 역량	능하다는 점을 강조 • 바이오 기업은 기술개발을 통해 향후 수익성이 발생할 것인지를 중요하게 평가함 • ICT 기업은 현재 비즈니스 모델과 향후 비즈니스 모델 두 가지 중요함 • 창업 이후 현재까지 자본조달/투자 내역, 전환우선주 현황, 향후 Pre IPO 등 자본조달계획 준비 • 생산관리, 품질관리 체계 및 관리조직 자료 준비
제품/서비스의 시장 경쟁력	• 제품/서비스 우수성 • 제품/서비스의 시장점유 수준 • 제품/서비스의 확장가능성	• 기술력평가 결과에 가장 큰 영향을 주는 요소는 시장점유율과 매출액임 • 시장점유율은 직/간접적인 자료를 이용하여 구체적인 데이터 제시해야 함 • 기존에는 매출액보다 기술력 그 자체에 집중하여 평가를 하였지만 최근에는 실제 매출액에 대한 평가 비중이 높아지고 있음 • 매출액이 크다고 해도 1회성 사업이나 SI 사업 매출 비중이 크다면 좋은 평가를 받기 어렵고 매출액이 작아도 지속적으로 증가한다면 좋은 평가를 받을 수 있음 • 다만, 너무 낮은 매출액이 수년간 지속된 경우 성장에 어려움이 있다고 평가될 수 있음 • 기술제품의 경쟁사대비 원가/품질 경쟁력에 대해 가능한 객관적인 자료를 준비함

출처: brunch story(2023.10.27), '기술특례상장 평가항목 전격분석 Part1. 기술성', https://brunch.co.kr/@9535e65c2e824ba/22, brunch story(2023.11.06), '기술특례상장 평가항목 전격분석 Part2. 시장성', https://brunch.co.kr/@9535e65c2e824ba/24, 저자 재구성

2.5 자본시장에서 주식가격과 이익예측 간의 관계

주식시장에서 시장참여자들의 최대 관심은 미래의 주식가격이다. 주식시장의 매도/매수측 애널리스트(이하, 재무분석가)는 주식가격을 예측하기 위해 국내외 경기동향, 통화량, 금리, 물가 등의 거시정보와 투자기업의 사업보고서를 참고한다. 주식가격은 다양한 변수에 의해 영향을 받아서 예측이 쉽지 않고 재무관리에서 주식가격은 랜덤워크(random walk)와 같이 만취한 사람의 걸음걸이처럼 단기의 주식가격의 변화는 예측할 수 없다고 한다. 이에 재무분석가는 주식가격을 직접적으로 예측하기보다는 주식가격과 상관성이 매우 높은 이익을 예측하고 있다.[12] 재무분석가의 이익예측은 과거 기업의 이익, 현재의 시장상황(거시경제지표, 산업동향, 증권추이 등), 경영자와의 심층면담을 통해 이루어진다.

이익예측은 추정손익계산서[13] 작성과 유사하다. 이익예측은 매출액 추정에서 시작한다. 매출액은 제품서비스의 수요, 경쟁관계, 기술적 추이 등을 고려하고 전문가적 판단을 반영하여 산출한다. 기술가치평가에서 매출액 추정방법은 기술제품 관련 실적을 기반으로 추정하거나 목표시장의 규모 및 시장점유율 등에 대한 합리

---

12) 권수영(2021), '회계학이야기', 신영사.
13) 추정손익계산서(pro forma income statements)는 과거의 수익을 기반으로 향후 손익계산서를 작성함.

적이고 객관적인 자료를 기반으로 추정한다. 기술가치평가의 매출액 추정방법은 〈표 2-7〉과 같다.

〈표 2-7〉 기술가치평가의 매출액 추정방법

구분	내용
판매량기반	• 대상기술제품의 가격/품질경쟁력, 대상기업의 마케팅계획 및 사업화 역량 등에 기반하여 예상 판매처별로 판매가능량과 판매단가 도출할 수 있는 경우 • 추정매출액 = $\sum_{i=1}^{n}$(판매가능수량$_i$ × 판매단가$_i$), i = 매출처
시장점유율	• 산업과 시장분석을 통해 목표시장 규모를 명확히 전망할 수 있고 사업주체의 예상 시장점유율을 추정할 수 있는 경우 • 추정매출액 = 목표시장의 규모 × 시장점유율

수요예측	• 정량적 방법
	  - 사업주체의 과거 매출실적, 마케팅 관련 자료, 거시경제지표 등의 계량자료를 변수로 통계적 예측모형으로 매출 추정
	• 정성적 방법
	  - 신제품 개발/판매, 과거 실적 자료가 없거나 마케팅 환경이 급변하는 경우에 사업주체의 사업계획서를 참조하여 추정함.
	  - 사업주체의 기술개발역량, 생산능력, 마케팅역량 등 기술사업화의 실현가능성, 시장의 제반 환경변화 등을 종합적으로 고려하여 사업계획서의 타당성과 실현가능성을 분석하고 평가자의 주관적 판단으로 매출액을 추정함

출처: 기술평가실무가이드(2020). 표춘미 등(2023), '스타트업을 위한 기술금융과 기술가치평가', 샘앤북스

매출액을 추정하고 매출원가와 판관비를 추정한다. 매출원가와 판관비의 추정은 〈그림 2-5〉의 순서대로 적용해야 한다(기술평가기준 운영지침 제44조). 사업주체가 기술제품의 사업화에 성공하여

〈그림 2-5〉 매출원가와 판관비 추정 순서

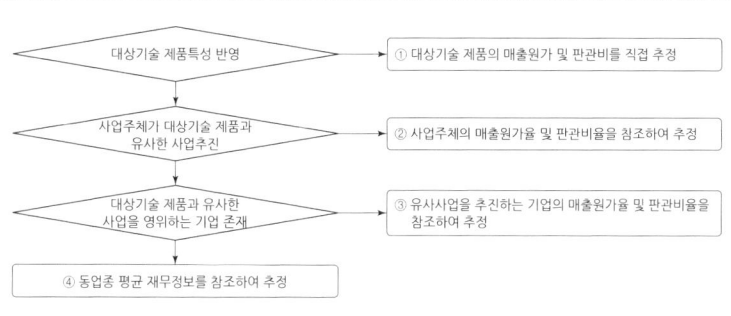

출처: 산업통상자원부(2021.02), '2020 기술평가 실무가이드'

매출이 발생하고 있다면 사업주체의 매출원가와 판관비로 직접 추정한다. 사업주체가 신사업으로 과거 재무자료 사용이 어려울 경우에는 사업주체의 과거 동일기술 또는 유사기술 사업화 제품의 매출원가율과 판관비율을 사용한다. 해당 재무자료 확보가 어려운 경우 유사기술을 사업화한 대표기업 3~5개의 매출원가율과 판관비율을 사용한다. 마지막으로 유사기업의 재무자료 확보도 어렵다면 한국은행 등에서 발표하는 동업종 평균 재무정보의 매출원가율과 판관비율을 참조하여 추정한다.

영업외수익과 영업외비용은 매출액과 직접적으로 관련이 없기 때문에 매출액과 영업외수익/영업외비용의 백분율을 적용하여 추정하기는 어렵다. 영업외수익과 영업외비용은 사업주체의 투자계획과 사채/차입금 규모 등을 고려하여 추정한다.

추정매출액에서 매출원가와 판관비를 차감하면 영업이익이 산

〈표 2-8〉 손익계산서와 경영성과 지표

구분	의미	경영성과 측정지표
매출	• 매출액은 기업이 일정기간 동안 판매한 상품 또는 용역의 가액의 합	• 당기순이익과 장부가치는 감가상각비, 재고자산 등의 회계처리 방법에 의해 영향을 받음 • 매출은 임의적인 조정이 어려워서 기업의 대표적인 경영성과 측정지표
매출총이익	• 매출액에서 매출원가를 차감한 금액(공장원가만을 차감)	• 기업 생산활동의 효율성 측정
영업이익	• 매출액에서 매출원가와 판관비 차감한 금액	• 제조기업의 영업활동(제조, 판매관리)의 효율성 측정
법인세비용 차감전순이익 (세전순이익)	• 영업이익에 영업외수익을 가산하고, 영업외비용을 차감한 금액	• 기업의 영업활동/재무활동의 효율성을 측정
당기순이익	• 법인세비용차감전순이익에 법인세를 차감한 금액	• 기업의 영업활동, 재무활동, 투자활동 등의 효율성을 측정하는 최종 성과 지표

출처: 김철중(2018), '기업가치 중심의 경영분석', 명경사

출되고 영업외수익을 가산하고 영업외비용을 차감하면 법인세비용차감전순이익[14](순손실)이 산출된다. 법인세비용차감전순이익은 기업의 일정기간 동안의 영업활동과 재무활동의 성과이고 경영자의 중장기적 영업정책과 투자/재무정책 등에 영향을 받으므로 경영자의 통제가능한 이익(controllable earning)이라고 한다.

손익계산서와 경영성과 지표는 〈표 2-8〉과 같다. 매출은 기업

---

14) 법인세비용차감전순이익(earning before tax)은 세전순이익임.

이 일정기간 판매한 상품/용액 가액의 합계 금액이다. 매출은 당기순이익과 장부가치와 비교하여 임의적인 조정이 어려워서 기업의 경영성과를 측정하는 대표적인 지표로 사용된다. 매출총이익은 매출액에서 공장에서 발생하는 매출원가만을 차감한 금액으로 제조기업의 생산효율성을 측정한다. 영업이익은 매출총이익에서 판매관리비를 차감한 금액으로 영업활동(operating)인 제조와 판매관리활동의 효율성을 측정한다.

법인세비용차감전순이익은 영업이익에 영업외수지(영업외수익/영업외비용)를 차감한 금액으로 기업의 영업활동과 재무활동의 효율성을 측정한다. 당기순이익은 법인세차감전순이익에서 법인세를 차감한 금액으로 기업의 영업활동, 재무활동 및 투자활동의 성과를 측정한다.

코스닥시장에서 기술특례상장기업의 관리종목지정사유 및 상장폐지요건의 손익계정은 매출액과 법인세비용차감전계속사업손실[15]이다(〈표 2-10〉 참조). 기술특례상장기업의 관리종목 지정사유는 상장 후 5년 이후부터 매출액이 30억원 미만일 경우, 법인세비용차감전계속사업손실은 상장일 포함 3년 이후에 최근 3년 동안 2회 이상 자기자본의 50% 초과 또는 10억원 이상인 경우이다. 해당지표를 통해 KRX는 특례상장기업의 매출액이 30억원 이상 실현되

---

15) 법인세비용차감전계속사업손실은 기업의 계속적인 사업활동과 그와 관련된 부수적인 활동에서 발생하는 손익이다. 과거 경상손익에서 중단사업손익에 해당하는 손익을 차감한 것으로, 영업손익에 영업외손익을 반영해 산출함.

었다면 대상기술의 사업화가 어느 정도 성공한 것으로 평가하고, 법인세비용차감전계속사업손실은 자기자본의 50% 또는 10억원 이상이 상장 이후 3년 동안 2회 이상 발생하지 않았다면 아직은 해당 상장기업이 영업활동을 영위할 수 있다고 평가하는 것으로 사료된다.

2.6 기술특례상장의 상장폐지 요건 및 상장폐지 현황

　코스닥시장 상장기업의 관리종목지정, 상장적격성 실질심사 및 상장폐지에 대해 살펴보겠다. 관리종목 지정사유가 발생하면 일정 기간 해당 주식의 거래가 중지되므로 관리종목 지정은 상장폐지 전단계로 인식되고 있다. 상장적격성 실질심사는 상장기업의 기업경영 계속성, 투명성 등에 심각한 사건이 발생하면 해당 주식거래를 중단하고 기업의 실질에 기초하여 상장유지적격성을 심사하여 상장폐지 또는 상장유지를 결정한다. 상장폐지는 코스닥시장에서 퇴출되어 코스닥시장에서 해당 주식의 매매가 불가능해진다. 코스닥시장의 관리종목지정, 상장적격성 실질심사 및 상장폐지 정의는 〈표 2-9〉와 같다.

〈표 2-9〉 코스닥시장의 관리종목 지정, 상장적격성실질심사 및 상장폐지 정의

구분	내용
관리종목 지정	• 관리종목은 KRX가 투자자 보호를 위해 지정하는 제도로 관리종목으로 지정되면 일정기간 주식의 매매거래가 정지됨 • 해당 상장기업에 일정기간 경과기간을 부여해 관리종목 지정사유를 해소함으로써 조속한 정상화를 촉진하기 위한 제도이지만 관리종목 지정은 상장폐지 전 단계로 인식되고 있음
상장적격성 실질심사	• '상장적격성실질심사'는 상장기업에 기업경영의 계속성, 투명성, 투자자 보호 등에 중대한 영향을 미치는 특정 사건이 발생할 경우에 해당 상장기업 주식의 매매거래를 정지하고, 해당 기업의 실질에 기초하여 상장유지 적격성을 심사한 후 상장폐지 또는 상장유지(거래 재개)를 결정하는 제도 • 대표적인 상장적격성 실질심사 요건은 임·직원의 횡령·배임과 상장폐지 요건(회계처리기준 위반, 주된 영업의 정지, 공시 위반 벌점 누적, 감사의견 등)임
상장폐지	• 상장폐지는 코스닥 시장에서 자사 주식을 거래하지 못하고 퇴출되는 것으로 해당주식은 코스닥 시장 등의 정규시장이 아닌 장외시장[16]에서 거래해야 함 • 장외시장은 코스닥 상장기업보다 경영투명성/영업실적/재무구조 등이 불안정한 기업이 많이 모였다고 인식되어, 주식 거래량과 주식가격은 코스닥시장보다 상대적으로 열악함

출처: 아주경제(2024.04.11), '[공시학개론] 내 주식이 관리종목 지정? 기준이 뭘까?'; 서울경제(2024.04.13), "투자자 패닉"…상장적격성 실질심사란? [정성빈 변호사의 상장폐지를 피하는 法]'; 이코노미스트(2022.04.07), '상장폐지 결정되면 내가 투자한 돈은 진짜 '0'원 될까'. 저자 재구성

코스닥시장의 관리종목 지정과 상장폐지 요건은 매출액, 법인세

---

16) 정규시장은 유가증권시장과 협회중개시장(코스닥시장)이고 이외의 장소에서 이루어지는 증권거래는 장외거래임. 장외거래는 주로 증권회사 창구를 통하여 증권업자와 고객 간 이루어진다는 뜻에서 점두거래라고도 불리고 매도측과 매수측이 직접 증권과 대금을 상호 교환함(기획재정부-장외거래).

비용차감전계속사업손실, 자본잠식, 자기자본미달, 감사의견, 시가총액, 정기보고서 미제출, 거래량, 지분분산, 불성실공시, 지배구조, 회생절차/파산신청, 재무관리 위반, 기타상장폐지 사유 등이 있다. 기술특례상장기업은 재무적 성과보다는 기술력을 인정받아서 상장되므로 일반상장기업의 관리종목지정과 상장폐지 사유에서 매출과 손실(법인세비용차감전계속사업손실)은 완화된 요건이 적용된다.

일반상장기업의 매출액 관리종목 지정 요건은 최근 사업연도에 매출액 30억원 미만이다. 기술특례상장기업(또는 이익미실현 기업)은 상장일이 속한 사업연도 포함 5개 사업연도에 매출액 30억원 이상 조건은 적용되지 않지만 이후 사업연도에도 해당 매출액인 30억원을 달성하지 못하면 상장적격성 실질심사 대상이 된다.

법인세차감전계속사업손실은 일반상장기업은 자기자본 50% 초과 또는 10억원 이상의 손실금액이 최근 3개년 동안 2번 이상 발생할 경우에 관리종목으로 지정된다. 기술특례 상장기업은 상장일 포함 최근 3년 동안에 해당 조건이 적용되지 않지만 이후에도 법인세차감전계속사업손실이 발행하면 상장적격성 실질심사 대상이 된다. 코스닥시장 관리종목 지정, 상장적격성 실질심사 및 형식적 상장폐지 요건은 〈표 2-10〉과 같다.

최근 5년('19~'23)간 유가증권시장과 코스닥시장의 상장폐지 기업은 총 175개이다. 전체 상장폐지 기업 중 결산관련 기업의 비중은 24.0%(42개)로 나타났다. 결산관련 상장폐지에서 감사의견 비적정이 90% 이상이고, 그 외에 9.5%는 사업보고서 미제출 사유도 있다.

〈표 2-10〉 코스닥시장 관리종목 지정 및 상장폐지 요건

구분	관리종목 지정	상장적격성 실질심사	형식적 상장폐지
매출액	• 일반기업은 최근 사업연도 30억 미만(지주회사는 연결기준) • 기술특례상장기업은 상장일 속한 사업연도 포함 5개년 사업연도에 미적용	• 관리종목으로 지정된 다음 해에도 매출액 30억원 미달 사유 발생	
법인세비용차감전계속사업손실[1]	• 자기자본 50% 초과 또는 10억원 이상의 법인세비용차감전계속사업손실의 사업손실이 최근 3년간 2회 이상 발생 • 기술특례상장기업은 상장일 속한 사업연도 포함 3개 사업연도 미적용	• 관리종목 지정된 다음 해에도 자기자본 50% 초과 & 10억원 이상의 법인세비용차감전계속사업손실 발생	
자본잠식[2]	• 최근 사업연도 말 자본잠식률 50% 이상	• 관리종목으로 지정된 다음 해에도 자본잠식률 50% 이상 발생	• 최근 사업연도 전액 자본잠식
자기자본미달[2]	• 최근 사업연도 말 자기자본 10억원 미만	• 관리종목으로 지정된 다음 해에도 자기자본 10억원 미만 발생	
감사의견[3]			• 최근 사업연도 감사의견 비적정(부적정·의견거절·범위제한한정)
시가총액	• 시가총액이 40억원 미만인 상태가 연속		• 관리종목 지정 후 90일간 "연속 10일 &

	하여 30일 지속		누적 30일 이상 시가총액 40억원 이상"의 조건을 미충족
정기보고서 미제출	• 분기, 반기, 사업보고서를 법정제출기한 내 미제출		• 2년간 3회 이상 분기, 반기, 사업보고서를 법정제출기한 내 미제출 • 사업보고서 법정제출기간 후 10일 내 미제출 • 분기, 반기, 사업보고서 미제출로 관리종목 지정된 상태에서 분기, 반기, 사업보고서를 미제출
거래량[4]	• 분기 월평균 거래량이 유동주식 수의 1%에 미달 • 월간 거래량 1만주, 소액주주 300인 이상이 20% 이상 지분 보유 등은 적용 배제		• 2분기 연속
지분분산[4]	• 최근 사업연도 말 기준 소액주주 200인 미만 또는 소액주주의 지분이 20% 미만 • 300인 이상의 소액주주가 유동주식수의 10% 이상으로서 100만주 이상 소유하는 경우 제외		• 2년 연속
불성실공시		• 1년간 불성실공시 벌점 15점 이상	

지배구조	• 사외이사/감사위원회 요건 미충족		• 2년 연속
회생절차/파산신청	• 회생절차 개시 신청 또는 파산신청	• 개시신청 기각, 결정 취소, 회생계획 불인가 등	
재무관리 위반	• 변경추가 상장이 유예된 기간 중에 [증권의 발행 및 공시 등에 관한 규정]에 따른 재무관리 기준을 위반한 경우		
기타 상장폐지 사유	• 모든 상장폐지 사유 (형식 상장폐지 및 상장적격성 실질심사 대상 결정)가 발생한 경우 관리 종목 지정		• 최종 부도 또는 은행거래 정지 • 해산사유(피흡수합병, 파산선고) • 정관 등에 주식양도 제한을 두는 경우 • 우회상장시 우회상장 관련 규정 위반 시(심사종료 전 기업 결합 완료 및 의무보유 위반 등)

주: 1) 연결재무제표 작성대상 법인의 경우, 연결재무제표상 법인세비용차감전계속사업손실 및 자기자본을 기준으로 하며, 법인세비용차감전계속사업손실의 경우 외부감사인의 확인을 받은 확인서를 제출하는 경우 금융 부채평가손실은 제외
2) 연결재무제표 작성대상법인인 경우, 연결재무제표를 기준으로 하되 자기자본에서 非지배지분을 제외
3) 연결재무제표 작성대상법인인 경우, 연결재무제표에 대한 감사의견을 포함
4) 자진상장폐지를 위한 공개매수시 거래량 미달, 분산기준 미달로 인한 관리종목 지정 유예

출처: HelloDD(2024.02.19), '바이오헬스 특례상장 적신호'...유지요건 개선 방안은?'. 저자 재구성

특히, 결산관련 상장폐지 기업 42개 중에서 코스닥시장 상장기업은 37개로 전체에서 차지하는 비중은 88.1%로 대부분을 차지하였다. 코스닥시장의 상장기업은 유가증권시장 상장기업과 비교하여 기업규모가 작고 재무/회계 인력이 부족하여 결산관련 적절한 대응이 미흡하여 상장폐지 기업이 상대적으로 많은 것으로 분석된다. 유가증권/코스닥시장의 상장폐지 기업현황(2019~2023)은 〈표 2-11〉과 같다.

기술특례상장 신청기업은 상장 이후에 정기공시, 수시공시 등의 다양한 공시의무에 적절하게 대응하기 위하여 재무/회계 인력 확보, 결산프로세스 개선 및 관련시스템을 보완해야 할 것으로 판단된다.

〈표 2-11〉 유가증권/코스닥 시장의 상장폐지 기업현황(2019~2023)

(단위: 개)

구분	'19년	'20년	'21년	'22년	'23년	합계
전체 상장폐지(A)	18	31	39	44	43	175
결산 관련 상장폐지(B)	1	12	11	11	7	42
유가증권시장	-	2	-	2	1	5
코스닥시장	1	10	11	9	6	37
비중(B/A)	5.6%	38.7%	28.2%	25.0%	16.3%	24.0%

출처: 한국거래소. 한경 코리아마켓(2024.02.06), '결산관련 상장폐지 24%…비적정 기업 투자 유의 당부'

제3장

기술특례상장 신청기업의 IPO절차 및 고려사항

3.1 IPO신청 및 절차

3.2 IPO의 외형적 상장요건

3.3 IPO 질적심사 요건

3.4 IPO 성공을 위한 CEO 고려사항

3.5 IPO 실무상 쟁점

3.6 상장의 효익과 비용

3.1 IPO신청 및 절차

IPO신청절차는 대표주관회사 선정, 기업실사, 상장예비심사 청구(신청), 증권신고서 제출, IR, 수요예측, 청약 및 납입, 상장신청 및 매매개시 단계를 거친다. IPO 단계별 절차와 소요기간은 〈표 3-1〉과 같다. 대표주관회사 선정과 기업실사는 청구(신청)일 이전에 이루어지고, 상장예비심사 청구와 증권신고서 제출은 3~4개월 정도 소요된다. 청약 및 납입과 상장신청 및 매매개시 단계는 신고서 효력 발생 이후에 3~4주 정도가 소요된다.

코스닥시장의 기술특례상장은 상장예비심사 요건을 갖추기 위해 전문평가기관 2곳에서 기술등급을 A&BBB 이상을 받아야 하므로, 〈표 3-1〉의 IPO 단계별 절차에서 기술력평가에 소요되는 2개월 정도가 추가된다. 기술특례상장의 총 소요기간은 신청기업의 상황에 따라 다소 차이는 있지만 일반적으로 특례상장 청구일 이후부터 1년 정도의 기간이 걸린다.

코스닥시장의 상장예비심사 흐름도는 〈그림 3-1〉과 같다. 코스닥시장 상장예비심사는 신청기업이 신청계획을 제출하면서 회계감리를 동시에 수행한다. 형식요건을 체크하고, 서류검토, 대표이사 면담, 추가서류 검토, 심의안건 작성을 거쳐 상장위원회 심의를 거치면서 회계감리 결과가 반영된다. 해당 심의에서 상장위원회의 승인을 받으면 공모절차를 진행하여 신규 상장한다. 미승인을 받

〈표 3-1〉 IPO 단계별 절차와 소요기간

구분	단계	내용	시기
1	대표주관 회사 선정	• 증권 인수업무 규정: 상장 예비심사 청구(신청) 2개월 전까지 대표주관회사와 계약 체결 • 대표주관회사를 통하여 IPO를 위한 각종 사항 사전점검 및 준비	청구일 이전
2	기업실사	• 상장예비심사 전까지 기업실사 • 상장관련 다양한 이슈를 사전 검토/보완 • 자본금 증자 등 수행	
3	상장예비 심사 청구 (신청)	• 거래소 지정양식의 상장예비심사청구(신청)서 제출 • 거래소 상장심사 팀에서 상장의 적정성 등 심사 • 상장규정상 청구 후 45영업일 내에 심사결과를 통보해야 함 • 일반적으로 약 2개월 이상의 심사기간 소요	3~4개월 소요
4	증권신고서 제출	• 공모를 위해 금융위에 증권신고서 제출 • 공모의 적정성 등 심사 • 제출일로부터 15 영업일 경과 후 효력발생	
5	IR, 수요예측[1]	• 공모가격 확정(수요예측 결과 반영)	
6	청약 및 납입	• 대표주관회사 등의 전국 지점망을 통해 청약	신고서 효력발생 후 3~4주 소요
7	상장신청 및 매매개시	• 거래소에 상장신청서 제출 • 신청 후 약 5영업일 이내 매매개시	

출처: 신한투자증권, IPO 안내

---

[1] 수요예측은 공모주 청약에 앞서 기관투자가가 발행회사의 증권신고서 및 투자설명서를 참조하여 대표주관사에 매입희망 수량과 가격을 제시하고, 이를 기반으로 발행회사와 주관사 간에 확정된 공모가격을 결정하여 총액 인수 및 공모주 청약을 진행함(출처: 신한투자증권).

〈그림 3-1〉 코스닥시장의 상장예비심사 흐름도

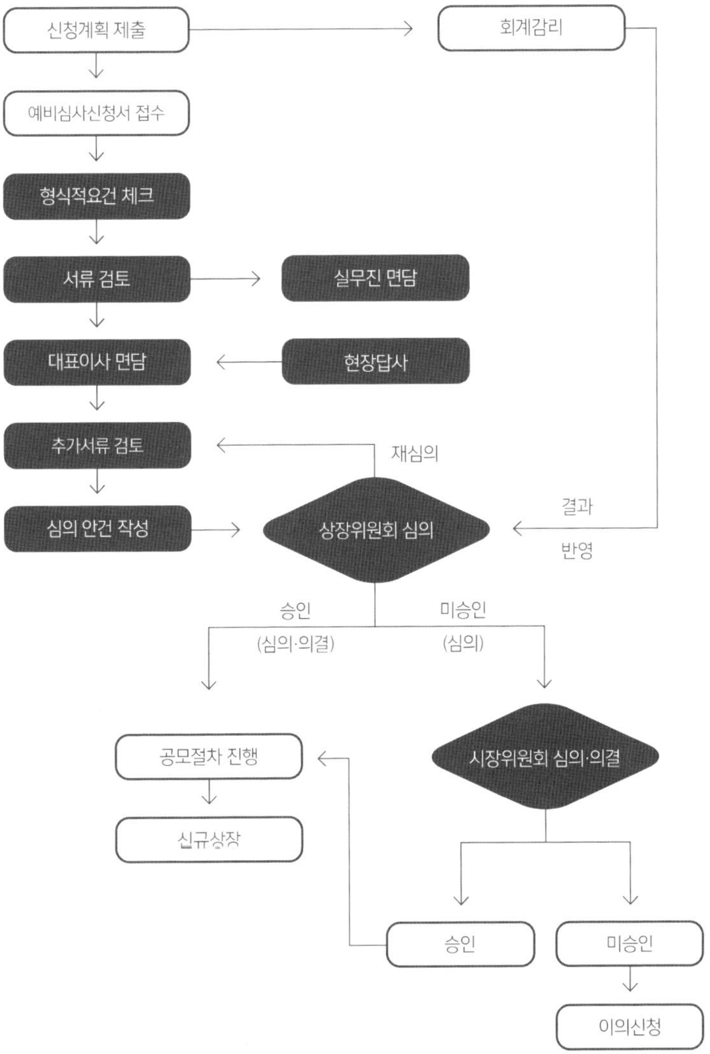

```
신청계획 제출 ─────────────→ 회계감리
    │                           │
    ▼                           │
예비심사신청서 접수              │
    │                           │
    ▼                           │
형식적요건 체크                  │
    │                           │
    ▼                           │
서류 검토 ─────→ 실무진 면담    │
    │                           │
    ▼                           │
대표이사 면담 ←── 현장답사      │
    │                           │
    ▼                           │
추가서류 검토                    │
    │          재심의            │
    ▼         ┌──────┐   결과   │
심의 안건 작성→│상장위원회│←──반영─┘
              │ 심의   │
              └──────┘
          승인 │    │ 미승인
        (심의·의결)  (심의)
              │    │
              │    ▼
              │  ┌──────────┐
              │  │시장위원회  │
              │  │ 심의·의결 │
              │  └──────────┘
              │     │     │
              │   승인   미승인
              ▼     │     │
         공모절차 진행←┘    ▼
              │          이의신청
              ▼
           신규상장
```

출처: 한국거래소(2023.05), '2023 코스닥 상장심사 이해와 실무'

을 경우 시장위원회가 심의·의결하여 승인을 받으면 공모절차를 진행하고 신규상장되지만 미승인되면 이의를 신청할 수 있다.

3.2 IPO의 외형적 상장요건

코스닥시장의 상장은 주식분산, 경영성과 및 시장평가, 감사의견, 경영투명성(지배구조), 기타요건을 충족해야 한다. 일반기업과 기술성장기업은 상기의 요건 중에서 경영성과 및 시장평가에서 차이를 보이고 있다. 기술성장기업은 자기자본 10억원 또는 시가총액 90억원 이상의 요건을 충족하면 되고 일반기업의 매출액, 매출액증가율, 법인세차감전계속사업이익 등의 제한은 없다. 코스닥시장의 일반기업과 기술성장기업의 외형적 상장요건은 〈표 3-2〉와 같다.

〈표 3-2〉 코스닥상장의 일반기업과 기술성장기업의 외형적 상장요건

구분	일반기업(벤처 포함)		기술성장기업	
	수익성/매출	시장평가/성장성	기술평가 특례	성장성 추천
	1. 소액주주 500명 & 25% 이상, 청구후 공모 5% 이상(소액주주 25% 미만시 공모 10% 이상) 2. 자기자본 500억 이상, 소액주주 500명 이상, 청구후 공모 10% 이상 &			

주식 분산 (택일)	규모별 일정주식수 이상 3. 공모 25% 이상 & 소액주주 500명 4. 국내외 동시공모 20% 이상 & 국내공모주식수 30만주 이상 & 소액주주 500명 5. 청구일 기준 소액주주 500명 & 모집에 의한 소액주주 지분 25%(or 10% 이상 & 공모주식수가 일정주식수 이상) * 자기자본 500억~1,000억: 100만주, 자기자본 1,000억~2,500억: 200만주, 자기자본 2,500억 이상: 500만주 (시가총액 기준은 자기자본 금액의 2배)			
경영 성과 및 시장 평가 등 (택1)	1. 법인세비용차감전 계속사업이익 50억원 2. 법인세비용차감전 계속사업이익 20억원[벤처: 10억원] & 시총 90억원 3. 법인세비용차감전 계속사업이익 20억원[벤처: 10억원] & 자기자본 30억원[벤처: 15억원] 4. 법인세비용차감전 계속사업이익 있을 것 & 시총 200억원 & 매출액 100억원[벤처· 50억원]	1. 시총 1,000억원 2. 시총 500억 & PBR 200% 이상 3. 시총 500억 & 매출 30억 & 최근 2사업연도 평균 매출증가율 20% 이상 4. 시총 300억 & 매출액 100억원 이상[벤처 50억원] 5. 자기자본 250억원 6. 코넥스 법인은 다음 요건 충족할 것 - 시총 750억원 이상 - 최근 1년 일평균 거래대금 1억원 이상 - 소액주주 지분 20% 이상	1. 자기자본 10억원 2. 시가총액 90억원	
			전문평가기관 2곳의 기술력평가 등급이 A 또는 BBB 이상	상장주선인이 성장성을 평가하여 추천한 중소기업
감사 의견	최근사업연도 적정			

경영 투명성 (지배구조)	사외이사/상근감사 충족
기타 요건	주식양도 제한이 없을 것

출처: 신한투자증권, IPO 안내(2023.07.05. 기준)

3.3 IPO 질적심사 요건

IPO의 질적심사는 신청기업이 상장기업으로서 적격한지 여부를 판단하기 위해 기업경영의 계속성, 경영투명성 및 경영안정성, 기타 투자자보호에 관한 요건을 평가한다. 코스닥시장의 기술성장기업 질적심사 요건은 〈표 3-3〉과 같다.

기업경영의 계속성은 영업상황, 기술성/시장성, 성장성, 기타 경영환경 등으로 기업의 계속성을 평가한다. 경영투명성 및 경영안정성은 기업지배구조, 내부통제제도, 공시체제 및 이해관계자와의 거래, 상장전 주식거래 등을 평가하여 경영투명성과 경영안정성을 평가한다. 마지막으로 기타 투자자보호는 신청기업이 코스닥시장의 건전한 발전을 저해하지 않을 것인지를 평가한다. 특히, 기업경영의 계속성 질적심사 요건 중에서 영업상황, 기술성/사업성,

성장성 등은 기술특례상장용 기술력평가의 평가요인에 반영되어 있다.

〈표 3-3〉 코스닥시장의 기술성장기업 질적심사 요건

구분	내용	내용
기업 경영의 계속성	영업 상황	• 산업의 성장주기, 시장규모, 경쟁상황 및 진입장벽 등 산업 성장성 • 기존시장 진입·확장가능성 및 신규시장 창출 가능성 • 매출처와의 거래 지속 가능성 또는 신규 매출처 확보 가능성 • 산업의 국내·외 규제환경 및 정부정책 영향 • 경영진의 지식, 경험 등 내부역량이 영업의 지속성 및 향후 성장에 미치는 영향
	기술성/ 사업성	• 기술기반기업 - 기술개발 단계, 자립도, 모방의 난이도 등 기술의 완성도 - 기술의 차별성, 연구개발의 수준과 투자규모 및 적정성, 지적재산권 보유현황 등 경쟁우위도 - 기술인력의 전문성, 기술경영 관리능력 등 기술인력의 수준 - 기술의 상용화 경쟁력 보유 여부 • 사업모델기업 - 사업모델의 사업화 정도, 매출실현 가능성 등 완성도 - 사업모델의 차별성, 시장내 지위 등 경쟁우위도 - 사업에 필수적인 인적·물적 자원 확보 여부
	성장성	• 기업의 성장을 위한 인력 및 설비 투자계획, 지적재산권 확보 등 사업계획의 합리성 여부 • 공모자금 사용의 합리성 및 공모자금 유입에 따른 성장가능성 • 상장 후 일정기간 이내 매출, 영업이익 등 수익실현

	기타 경영환경	가능 여부 • 특허, 경영권 등과 관련한 소송 또는 분쟁이 발생한 경우 기업경영에 미치는 영향 • 영업관련 주요계약의 조건 등에 따른 우발채무가 경영에 미치는 영향
경영 투명성 및 경영 안정성	기업지배구조, 내부통제제도, 공시체제 및 이해관계자와의 거래, 상장전 주식거래 등에 비추어 경영 투명성 및 경영 안정성이 인정될 것	• (기업지배구조) 주식회사는 소유와 경영이 분리되어 운영되므로 이사회 구성, 이사와 감사의 전문성 및 독립성 등 건전한 지배구조를 갖추고 있는지 검토 • (내부통제제도) 내부통제시스템 구축의 적정성과 운용의 효율성을 점검, 상장예정기업으로서의 경영 투명성 확보 여부를 사전 검증 • (공시체제) 공시책임자, 담당자가 적정하게 지정되었는지, 내부공시 운영체계 마련 여부 등을 검토 • (이해관계자 거래) 경영의 독립성과 자율성이 관계회사에 의해 영향을 받는지 파악, 가지급금 및 가수금 발생원인 빈도 등을 검토해 재무제표 신뢰성, 경영 투명성 및 내부통제 구조의 적정성 판단 • (상장전 주식거래 등) 상장전 전환상환우선주, 전환사채 등의 행사 또는 행사가능성 검토, 전환상환우선주 등의 의무보유대상 여부를 확인 • (경영안정성) 안정적 경영권 확보를 위한 최대주주 등의 적정지분 확보 여부 등 지분구조 검토
기타 투자자 보호	기타 투자자보호 및 코스닥 시장의 건전한 발전을 저해하지 않는다고 인정될 것	• 공익실현과 투자자 보호를 위해 신청서 및 첨부서류의 허위기재 및 기재누락 여부, 시장건전성 저해 여부 검토 • 물적분할로 설립된 경우 모회사의 주주 보호노력 충실 이행 여부 점검

출처: 신한투자증권, IPO 안내; 상장공시시스템(KIND), 유가증권시장-상장심사 가이드북; 한국거래소(2023.05), '2023 코스닥상장심사 이해와 실무'. 저자 재구성

3.4 IPO 성공을 위한 CEO 고려사항[2]

　IPO는 비상장회사를 상장하여 대기업으로 성장시켜 나가는 과정이다. 비상장회사가 영업이 잘되고 자금조달에 어려움이 없다면 IPO를 추진할 유인은 크지 않을 것이다. 상장회사는 공시와 지배권 방어 등으로 오너와 CEO가 추가로 부담해야 할 사항이 많아서 IPO를 하지 않는 글로벌 기업도 다수 존재한다. 다만, 많은 기업들은 더 큰 성장을 위한 투자재원을 확보하거나, pre-IPO를 통한 자금조달로 인해 적격 IPO를 추진해야 할 시점이 도래한 경우, 회사 상장을 통해 성과를 실현하고 싶은 경우, 임직원들의 노력과 헌신에 대한 보상이 필요한 경우에 IPO를 추진한다.

　IPO 성공을 위한 CEO 고려사항은 〈표 3-4〉와 같다. IPO 성공을 위해 CEO는 신뢰할 수 있는 증권사를 주관사로 선정하고 능력 있는 CFO를 확보하며 발행사(신청기업) 입장을 지원할 수 있는 경험이 풍부한 법률자문사를 선정해야한다. 그리고 IPO에 따른 성과를 임직원들과 나눌 수 있는 합리적인 ESOP[3] 프로그램을 설계하고 신뢰할 수 있는 pre-IPO 투자자를 유치하고, 합리적 내부통

---

[2] '법무법인지평(2024), '지평 IPO 실무연구(2024)', 박영사'의 Ⅰ. 상장제도 일반의 1.2 IPO성공을 위해 CEO가 알아야 할 8가지 내용을 중심으로 재구성함.

[3] ESOP(Employee Stock Ownership Plan)제도는 스톡옵션/우리사주/공로주/RSU 등이 있음.

제체계 및 준법경영시스템을 구축해야 한다. 또한, 상장 후 경영 안정성 확보계획과 주가관리계획을 상장 전에 미리 준비해야 한다.

〈표 3-4〉 IPO 성공을 위한 CEO고려사항

구분	내용
1. 신뢰할 수 있는 주관증권사 선정	• IPO는 상장을 주관하는 대표주관회사가 신청회사 실사를 기반으로 상장적격성 확보를 위한 제반 준비를 조력하여 KRX에 상장예비심사신청서를 제출함 • KRX의 상장심사는 주관증권사가 상장주선인 지위에서 대응함 • 회사 오너 및 CEO는 실무를 담당하는 CFO와 주관증권사 실무자를 지지하여 자사의 신뢰를 증가시킬 필요가 있음 • 중소형 IPO가 진행되는 코스닥시장은 오너(최대주주)에 대한 도덕성을 비롯해 다양한 관점에서의 검증을 거치게 되므로 오너/CEO와 주관증권사 간의 신뢰 형성은 IPO 성공의 중요한 핵심요소임
2. 능력있는 CFO 확보	• 신청기업은 대부분 제조, 기술, 영업 중심으로 성장하였지만 IPO를 준비하는 단계에 이르면 주관사 실사, 외부감사 및 법무 실사 등 기존에 중요하지 않게 생각한 재무회계, 법무, 내부통제 및 준법경영 등 내부관리시스템의 중요성이 부각됨 • 영업이나 R&D에 집중해 오던 오너나 CEO는 이런 관리적 이슈에 대응하기 어려우므로 해당 부문을 담당할 유능한 CFO가 필요함 • IPO 과정에서 중소규모 비상장회사 CFO는 주관사 실사대응 및 valuation 협상, 외부감사 대응, 법무실사 대응, 거래소 심사 대응 등 거의 모든 실무를 책임지는 매우 중요한 자리임 • 내부의 재무/회계팀에서 이러한 역할을 담당할 수 있는 임원급 재무책임자가 없는 경우, 유사 경험이 풍부한 능력있는 CFO를 IPO준비단계에서 영입하는 것을 고려해야 함

3. 발행사(신청기업)의 입장을 지원할 경험 많은 법률자문사 선정	• 국내 IPO의 경우 법률자문사 선정이 의무가 아님 • 최근 10년간 IPO에 법률자문사가 관여하는 비율은 꾸준히 증가하여 IPO의 40~50%에 달하는 딜에 법률자문사가 관여함 • 주관증권사를 대리하여 법률실사만을 진행하는 법률자문사 선정을 고려할 수 있음 • 발행사(신청기업)의 법률자문사는 주관사 법률실사와 달리 발행사 고유의 문제인 최대주주 관련 이슈, 정관 및 내부규정의 정비, 주관사 실사 및 거래소 심사대응과 관련한 다양한 법률 자문을 제공함 • 최근 ESG 흐름에 기반한 컴플라이언스와 준법경영이 매우 중요한 화두로 등장했고, IPO심사과정에서도 해당 요소가 질적심사 과정에서 심도 있게 검증되고 있어서 신뢰할 수 있는 법률자문이 필요할 수 있음
4. IPO성공 결과를 임직원과 공유할 수 있는 합리적인 ESOP 프로그램 설계	• 회사의 오너와 CEO는 IPO를 통하여 자사 임직원들에게 보상하고 회사의 성장에 기여하도록 Employee Stock Ownership Plan(ESOP)을 설계할 필요가 있음 • KRX도 합리적인 ESOP 프로그램의 설계 수준을 질적심사요건으로 평가하고 있으며, ESG 측면에서도 유의미한 요소임 • 오너나 경영진은 ESOP 프로그램 설계과정에서 임직원들이 상대적으로 박탈감을 느끼거나 우리사주조합의 경우와 같이 상장 직후 주가가 큰 폭으로 상승할 경우에 우리사주 중도인출을 위해 1년내 조기 퇴사자가 발생할 수 있다는 점도 유의해야 함
5. 신뢰할 수 있는 pre-IPO 투자자 유치	• 대부분 상장을 준비하는 기업은 상장예비심사 신청 전에 다수의 투자자로부터 pre-IPO 자금을 유치하고 있음 • 투자유치로 오너의 지분율이 낮아지므로 투자자의 투자 회수 등에 대비하기 위한 다양한 장치[4]가 고려되어야 함 • 투자유치 조건을 제대로 이해하지 않고 성급하게 투자를 유치하는 경우도 있고, 불가피하게 그런 조건을 수용할 수밖에

---

4) Put-option, drag-along, tag-along, IPO의무, 공모가 결정 시 등의 조건, 주요경영사항에 대한 동의 및 협의 의무 등.

	없는 경우도 많은데, 이런 상황에서 중요한 것은 핵심 pre-IPO 투자자와의 신뢰관계임 • 투자자와 오너/CEO 간의 경영철학에 대한 신뢰와 회사의 성장성을 바탕으로 이루어진 신중한 투자는 오래 갈 수 있고, 어려운 사안이 발생했을 때는 잘 해결할 수 있는 밑바탕이 되기 때문에 신뢰할 수 있는 pre-IPO 투자자로부터 투자를 받는 것도 IPO의 중요한 요소임
6. 합리적인 내부통제체계 및 준법경영시스템 구축	• 상장을 준비하는 과정에서 자주 이슈가 되는 사건은 법규를 무시한 오너의 독단적인 의사결정, 특수관계인과의 부당한 거래, 기회유용 및 위법한 회계처리 등임 • 상기의 해당 내부통제체계가 훼손된 경우에는 거래를 원상회복하고, 정관과 이사회 규정을 정비하며, 내부거래위원회를 구성하는 등의 다양한 방식의 내부통제체계 및 준법경영시스템을 구축해야 함 • 특히 신청기업이 외부투자자들로부터 pre-IPO를 투자받은 경험이 없거나 많지 않은 경우에 IPO 준비과정에서 해당 이슈가 많이 발생함 • 상장준비과정에서 오너/CEO는 컴플라이언스와 준법경영의 중요성을 인식하고, 상장 이후에는 내부통제체계 및 준법경영시스템 등이 운영되고 의사결정이 이루어져야 한다는 점을 분명히 인식하는 것이 중요함 • 오너/CEO가 준법경영 인식이 확고할수록 실무자들도 위법행위에 대한 경계심을 가질 수 있게 됨 • 건실한 상장기업들도 상장 이후 임직원의 횡령 및 배임으로 인해 상장폐지 심사를 받는 경우가 많기 때문에 성공적인 IPO와 상장 후 적격성 유지를 위해서 합리적인 내부통제체계 및 준법경영시스템을 구축하는 것이 중요함
	• Pre-IPO투자를 받으면 대체로 회사의 가치는 높아지는 것에 비해 오너의 지분율은 낮아짐. 최근 벤처기업의 경우 복수의결권[5]을 부여할 수 있는 특별법이 통과되었지만, 벤처

---

5) 복수의결권은 벤처기업의 경우 1주당 최대 10개의 의결권이 부여되는 제도

7. 상장 이후 경영 안정성 확보 계획 사전에 준비	기업이 아니거나 상장 후 3년이 경과하면 경영권 방어 이슈가 나타남 • 오너/CEO는 상장 과정에서 진행하는 공모물량으로 인해 추가적인 지분율 하락도 예상해야 함 • 회사가 상장 후에 본업에 집중하지 못하고 경영권 방어와 같은 부차적인 이슈에 몰입하면 불필요한 에너지와 비용이 낭비되어 회사의 성장잠재력이 훼손되고, 외부세력에 의해 흔들려 발전하기 어려워짐 • 오너의 지분율이 충분하지 않을 경우 상장준비 단계 및 상장 직후에 전문가 도움을 받아 경영 안정성 확보를 위한 정관개정 및 제도 설계를 진행할 필요가 있음
8. 상장 이후 주가 관리 계획 미리 세우기	• 상장 시에 수요예측을 바탕으로 인수단과 협의하여 공모가를 결정함. 다만, 높은 공모가만을 고수하는 것이 반드시 좋은 것은 아님 • 상장 이후 주가가 우상향하지 못하고 우하향하는 경우가 상당히 많고, 공모가보다 주가가 계속 낮아질 경우 소액주주 민원도 많아지고 매년 주주총회에서 어려움을 겪을 수 있음 • 상장 이후에도 주가가 어느 정도 유지되거나 점진적으로 우상향할 수 있도록 적정한 공모가를 결정하는 것이 필요하고, 상장 이후 회사의 성장 방향을 미리 준비하고 실행해 나가야 함 • 필요할 경우에 오너가 추가로 지분을 매입하거나 자사주를 통해 주가를 관리할 필요가 있음 • 오너/CEO는 짧게는 6개월에서 길게는 2~3년의 의무보유 기간 이후의 주가가 더 중요할 것임

출처: 법무법인지평(2024), '지평 IPO 실무연구(2024)', 박영사. 저자 재구성

로, 벤처기업이 지분 희석의 우려 없이 대규모 투자를 유치해 성장할 수 있도록 지원하는 제도임(출처: 중소벤처기업부 보도자료(2023.11.13), '벤처업계의 숙원, 복수의결권 제도 18일 시행').

3.5 IPO 실무상 쟁점[6]

IPO를 진행하면서 발생할 수 있는 실무상의 쟁점은 CEO의 문제, 기업의 문제, 투자기관의 문제, 주관사의 문제 등이 있다. IPO 과정에서 해당 쟁점을 충분히 파악하고, 적절히 대응해야 한다.

3.5.1 CEO의 쟁점사항

IPO 과정에서 CEO의 학습마인드와 투명한 경영철학은 중요하다. CEO는 기업가정신을 다시 한번 정리할 필요가 있으며, 상장 후에는 기업은 본인의 것이 아니라고 인식을 전환해야 한다. 또한 IPO가 어떤 가치를 가져올 것인지를 사회적 관점에서 책임과 역할을 생각하고 판단해야 한다.

CEO의 탐구 정신과 학습이 없다면 기업이 바르게 성장해 가는 것은 한계가 있을 수밖에 없기 때문에 학습마인드는 중요하게 인식되어야 한다. 투명한 경영철학은 경영자에게 있어 필수적인 조건이 되어야 한다. 투명하지 못한 법인을 상장하는 것은 새로운 법인으로 출발하는 것보다 더 어렵다고 판단해야 하며, 투명경영은 절대적인 조건으로 지켜져야 한다. 상장을 준비하는 경영자는

---

[6] IPO 실무상 쟁점은 '천형성 등(2021), '지금 당장 IPO를 목표로 도전하라', 삼일인포마인'의 제4장 IPO 무엇이 문제인가를 중심으로 재구성함.

처음부터 투명한 경영철학을 갖추고 출발할 수 있어야 모든 과정이 정직하고, 관계가 투명함으로써 좋은 신뢰관계를 갖추게 되어 상장 준비과정은 신속히 진행된다.

3.5.2 기업의 쟁점사항

신청기업의 쟁점사항은 원팀구성과 내부통제이다. 전자인 원팀구성은 벤처기업 입장의 경우 부서별로 전문인력을 갖추어 경영을 하는 것은 어려운 일이지만, 상장을 준비하는 상황이라면 학습된 경험을 가진 전문인력으로 원팀을 구성하여 상장업무를 추진해야 한다. 원팀을 구성하고 정확한 업무분장과 창구 일원화로 상장에 성공할 수 있을 것이다.

후자인 내부통제의 경우 IPO를 시도하는 기업들 중 외형상의 매출은 상당한 규모이고 상장에 대한 시장의 반응도 좋지만, 경영 투명성 등의 내부통제 문제가 심사과정에서 주요 이슈로 작용하여 심사를 통과하지 못하는 기업이 다수 있다. 해당 내부통제는 대주주나 경영진의 투명성, 지배구조, 회계 시스템, 자회사 및 관계사와 거래, 기업 경영 과정의 절차적 타당성 등이 포함된다. IPO를 진행하면서 투자자 보호 차원에서 내부통제나 경영 투명성 문제는 심사과정에서 중요하게 검증되는 부분이고, KRX의 상장심사에서 내부통제 문제로 지적을 받아서 상장에 실패한 기업은 추후 해당 부분을 보완해야 상장에 재도전할 수 있다.

3.5.3 투자기관 쟁점사항

투자유치는 기업의 현재 상황에 따라 투자기관의 선택, 투자유치조건이 달라질 수 있기 때문에 좋은 투자자를 만나는 것은 기업의 미래를 결정하는 중요한 변수로 작용한다. 벤처기업이나 스타트업이 상장 전 대규모 투자를 유치할 경우 기업의 가치가 수십 배로 높아져서 IPO 과정에서 어려움을 겪기도 한다. IPO 과정에서 투자기관의 쟁점사항은 투자기관 선택, 계약서 작성, 투자조항 유의사항 등이다. IPO 실무상의 투자기관 관련 쟁점사항은 〈표 3-5〉와 같다.

〈표 3-5〉 IPO 실무상의 투자기관 쟁점사항

구분	내용
투자기관 선택	• 신청기업이 명망이 있는 투자기관으로부터 좋은 조건의 투자를 받은 경우 사업수행에 큰 도움이 되고 기존 투자기관의 명성을 참조하여 해당 기업이 일정수준의 우량기업으로 간주되므로 후속 투자유치와 투자조건에 긍정적인 영향을 미침 • 좋은 투자기관에서 투자를 유치하기 위해서는 인적네트워크를 활용하고, 충분하게 준비한 후에 투자기관을 만나는 것이 유리함
계약서 작성 시 유의사항	• 투자유치는 자금조달과 투자자에게 주식을 제공하게 되므로 새로운 주주관계가 형성됨. 이로 인해 투자자가 회사경영에 직·간접적으로 관여하는 상황이 발생함 • 다수의 투자유치기업은 투자유치와 조달금액에만 관심을 가지고, 계약조건을 소홀히 하거나 잘 모르는 경우가 많이 발생함 • 불리한 계약이 체결될 경우 수정이 어려워 투자자에게 너무 지나치게 강력한 권한이 부여되어 차기 투자유치 또는 경영활동에 장애요소로 어려움을 겪을 수 있음

	• 투자유치규모에 따라 투자자는 이사선임권 등 여러 권리를 요청할 수 있으며 해당 조건 수용범위와 방법 등에 대해 신중한 협상이 필요함 • 일반적으로 투자기관은 적절한 타이밍에 낮은 밸류로 많은 지분을 확보하려 할 것이고, 투자유치기업은 높은 밸류를 인정 받아 낮은 지분을 주려고 함 • 투자유치시 합리적 계약체결을 위해서 회사의 입장과 컨디션을 정확히 이해하고, 투자전략을 수립해야 함. 자금 조달시기, 1차 조달금액, 밸류에이션, 투자기관의 선택 및 투자유치 조건에 대해 전략수립 필요함 • 투자계약 경험을 가진 로펌을 선택해 사전 탐색과 조율 후 도움을 받아 계약서를 작성하는 것이 유리함

투자조항
유의사항
	• 신주인수계약 체결시 유의사항
	  - 투자금 회수 가능 여부/상환전환우선주
	  - 전환권/희석방지조항/상환권 등
	  - 투자의 선행조건
	  - '진술과 보장' 및 손해배상책임(샌드배깅)[7]
	  - 우선매수권과 공동매도권(Tag along/ Drag along)
	  - 이해관계인의 책임
	• 주주간 계약 체결시 유의사항
	  - 주식처분제한에 관한 규정
	  - 프로큐어 조항(Procure Clause)[8]과 이사 선임 또는 해임권

출처: 천형성 등(2021), '지금 당장 IPO를 목표로 도전하라', 삼일인포마인. 저자 재구성

---

7) 샌드배깅은 매수인이 매도인의 진술·보장이 사실이 아님을 알았거나 알 수 있었음에도 불구하고 이를 문제삼지 않고 거래를 완료한 후 진술 및 보장이 사실이 아닌 것을 이유로 매도인에게 손해배상을 청구하는 것임(출처: BLOTER(2024.09.10), '[안희철의 M&A 나침반] M&A 진술·보장과 '안티 샌드배깅' 조항').

8) Procure(프로큐어)는 주주에게 자신이 지명한 이사로 하여금 일정한 행위를 하거나 하지 못하도록 해야 할 의무를 부담시키는 조항(출처: 한국벤처캐피털, M&A용어).

3.5.4 상장주관사 쟁점사항

상장주관사는 발행사(신청기업)의 조언자이며, 대변인이고, 대리인이자 파트너로서 다양한 역할과 기여, 책임을 담당한다. 이러한 주관사의 쟁점사항은 주관사 역할 및 책임, 주관사 선정시 고려사항, 설득력, 이해관계자간 리더십, 팀워크 등이 있다.

첫째 주관사의 역할과 책임은 Due-diligence(실사) 단계, 상장예비심사단계, 공모단계, 상장단계로 구분된다. IPO과정에서 상장주관사의 역할 및 책임은 〈표 3-6〉과 같다.

둘째, 주관사의 선정시 고려사항으로는 주관회사의 일반적인 내용, 주관사 역량체크, 서비스요소, 기타요인, 주관사단 구성에 따른 내용 등이 있다. 주관사 선정의 일반적인 검토사항은 리그테이블(공모규모, 건수 등), 예비심사 승인율(상장트랙, 시장별, 업종별), 주관회사 수수료 및 제시 기업가치, 조직 인적 역량 및 유사 딜 경험 여부, 기타 정성적 요인(Relation, Reputation 등)이다. 그리고 주관사의 제안서에 대해 주관사의 실적 및 역량(회사소개, IPO실적, 역량, 차별성, 리서치), 산업 및 회사에 대한 이해(산업 특성에 대한 이해, 회사에 대한 이해 및 경쟁력 분석), IPO추진 전략(IPO 시장 분석 및 상장 시기, 예상 이슈 및 대응전략), Valuation, 공모구조(Peer 선정 및 예상공모가, 공모구조), 세일즈 전략 및 수수료(Equity Story 도출, 타깃투자자, 세일즈 전략) 등을 검토한다.

셋째, IPO 주관사의 핵심 경쟁력은 논리적인 설득력에 있다. 설

〈표 3-6〉 주관사의 역할 및 책임

구분	내용
Due-diligence 단계	• 이슈 점검 및 정비 • Due-diligence(실사단계) • 상장관련 제반 컨설팅 • 청구전 프로세스 대응
상장예비심사단계	• 상장관련 제반 서류 준비 및 제출 • 거래소 예비심사 대응 • 서류심사, 현장심사 • 이슈 대응 및 솔루션 도출
공모단계	• 증권신고서 작성 지원 • 최적의 공모구조 및 공모가 산정 • Equity Story[9] 도출 및 세일즈 • 수요예측 및 청약/납입(총액인수)
상장단계	• 의무인수 • 분석보고서 • Post IPO IR 지원 • Put Back Option

출처: 천형성 등(2021), '지금 당장 IPO를 목표로 도전하라', 삼일인포마인. 저자 재구성

득력 있는 논리로 적절한 공모가를 산정해 성공적인 거래를 도출하는 프라이싱 능력이 중요하다. 넷째, 이해관계자간 리더십은 발행시, 공동주관사, 자문사, 거래소 심사관과의 관계에 있어 주관사의 역할이 매우 중요하게 작용한다.

---

9) 기업이 상장을 통해 목표한 자금조달을 위해 회사의 비즈니스모델과 향후 전망, 이윤 확보를 위한 전략 등에 관해 투자자를 설득하기 위한 자료임(출처: McKinsey&Company(2024.02.22), 'The equity story you need for the long-term investors you want').

마지막으로 주관사의 팀워크는 주관사가 단순히 발행기업의 문제를 진단하고 판단하며 조정하는 역할만이 아닌, 성과도출을 위한 문서작업까지 도움을 제공할 수 있어야 한다. 근무능력과 성실하고 끈기 있는 팀워크를 겸비한 주관사의 선정은 IPO성공을 위한 중요한 요소이다. 주관사의 역량체크는 승인율, 인수능력, IPO조직 역량, 리서치 역량 및 세일즈 역량을 검토하고, 이러한 상장 주관사의 역량체크 요소는 〈표 3-7〉과 같다.

또한 주관사의 서비스 요소는 딜 상황 체크, 상장 준비 지원 정도, TF 인력구성 등이다. 서비스 중 딜 상황 체크는 상장업무에 대

〈표 3-7〉 주관사 역량체크 요소

구분	내용
승인율	• 이슈해결 능력, 유관기관 커뮤니티 역량, 사전 정비 역량, 실사 경험 및 역량 등
인수능력	• 공모규모가 큰 경우, 특례상장 경우에 Put back Option 의무의 감내 정도
IPO조직 역량	• 포괄적 딜 경험, 유사기업, 산업, 성장 트랙별/상장 트랙별, 차별화된 경험, 주요 트랙레코드
리서치 역량	• 산업, 핵심경쟁력 Factor 분석 능력, 경쟁사 분석 역량, 적합한 Equity Story 산출 역량, 공모가격 등
세일즈 역량	• 시장 태핑[10] 역량, 공모가격 적절성 전달 역량, 핵심투자자와 Relation 등

출처: 천형성 등(2021), '지금 당장 IPO를 목표로 도전하라', 삼일인포마인. 저자 재구성

---

10) 태핑 역량(tapping capability)은 인수자와의 초기접촉 역량임(출처: 예금보험공사 블로그).

〈표 3-8〉 주관사의 서비스 요소

구분	내용
딜 상황 체크	• 상장업무에 대한 딜 집중도, 동시 진행되는 딜 개수
상장 준비 지원 정도	• 청구서 등 서류준비 과정에서의 지원정도, 내부 정비 등 상장 전 준비과정에서의 지원정도
TF 인력구성	• TF 구성인력의 경쟁력, TF 인력 변경 가능성 등
주관사 내 딜 중요도 순위	• 상장시기에 대한 적극성, 업무우선 순위 등
핵심 키맨과의 관계	• 딜을 이끌어 가는 핵심 IPO, 인력과의 관계 및 신뢰관계 정도
기타 서비스	• FI, 시장, 규제기관, 회계법인, 법무법인, 한국예탁결제원, 한국공인회계사회, 명의개서 대행기관, 우리사주 중 다양한 관계자들과의 업무에 대한 지원정도

출처: 천형성 등(2021), '지금 당장 IPO를 목표로 도전하라', 삼일인포마인. 저자 재구성

한 딜 집중도, 동시 진행되는 딜 개수이고 기타 서비스로는 회계법인, 법무법인, 한국공인회계사회, 우리사주조합 등의 다양한 관계자들과의 업무 정도이다. 주관사의 서비스 요소는 〈표 3-8〉과 같다.

주관사 선정시 고려사항의 기타 요인은 수수료 등의 비용구조, 주관사와의 시너지, Pre-IPO 투자, 이행상충 가능성, 기존 투자자 추천, 기타 정성적인 요인들이 있다. 수수료 등 비용구조는 수수료, 인센티브 구조, 신주인수권 등이 포함되며 주관사와의 시너지는 금융거래 및 지원, 사업제휴, 기타 관련 분야 공동사업 등이다. 주관사 선정시의 기타요인의 상세내용은 〈표 3-9〉와 같다.

주관사는 단독대표와 공동주관사로 구성할 수 있다. 주관사단 구성에 따른 장단점은 〈표 3-10〉과 같다. 단독대표 주관사는 커뮤

〈표 3-9〉 주관사 선정시의 기타요인

구분	내용
수수료 등 비용구조	• 수수료, 인센티브 구조, 신주인수권 등
주관사와의 시너지	• 금융거래 및 지원, 사업제휴, 기타 관련 분야 공동사업 등
Pre-IPO 투자	• 회사에 대한 투자 기회에 대한 적극성 등(밸류에 대한 자신감)
이행상충 가능성	• 경쟁사 딜 동시 진행, 정보 유출에 대한 우려, 사업적 이행상충가능성
기존 투자자 추천	• 기존 투자자와의 계약관계, 기존 투자자 추천권, 비토권
기타 정성적인 요인	• 거래관계, 상호간의 Relation, 주관사 Reputation, 기타 감정적 요인

출처: 천형성 등(2021), '지금 당장 IPO를 목표로 도전하라', 삼일인포마인. 저자 재구성

〈표 3-10〉 주관사단 구성에 따른 장단점 비교

구분	단독대표주관	공동주관사
장점	• 커뮤니케이션 채널 단일화 • 빠른 의사결정 • 업무 책임감 높음 • 업무 효율성 높음	• 동일한 비용으로 폭넓은 인프라 활용 가능 • 복수 증권사 리서치 및 세일즈 조직 활용 가능 • 주관회사간 경쟁 유도 • 주관사단의 풍부한 경험 활용
단점	• 다양한 인프라 활용 제한적 • 대표주관사의 딜이 많을 경우 상대적 소외받을 가능성 있음 • 다양한 주관사단의 경험과 세일즈 네트워크, 리서치 역량 활용 제한적임	• 의사결정 지연 및 의견 수렴의 난이도 증가 • 이해관계가 다른 주체가 많아짐에 따른 불편함 발생 • 주관사의 책임감이 상대적으로 낮음

출처: 천형성 등(2021), '지금 당장 IPO를 목표로 도전하라', 삼일인포마인. 저자 재구성

니케이션 채널이 단일화되고, 신속한 의사결정이 가능하며, 업무 책임감과 효율성이 높아지는 장점이 있다. 그러나 다양한 인프라 활용이 제한적이고, 대표주관사가 수행하는 딜이 많을 경우 신청기업이 상대적으로 소외받을 가능성이 존재한다는 단점이 있다.

반면, 공동주관사는 동일한 비용으로 폭 넓은 인프라의 활용이 가능하고, 복수 증권사 리서치 및 세일즈 조직의 활용이 가능하다는 장점을 가지고 있지만 의사결정 지연 및 의견수렴의 난이도가 증가, 이해관계자가 많아짐에 따른 불편함 등이 발생한다. 일반적으로 공동주관사단을 선정하는 경우는 오너, 실무자, 투자자들의 다양한 이해관계 및 회사 차원에서의 이해관계에 기인하는 경우가 많으며 공모규모가 수천억원 이상인 대형 딜의 경우는 세일즈 네트워크 확대 등을 위하여 공동주관사단을 구성한다.

3.6 상장의 효익과 비용

코스닥시장 상장의 효익과 비용을 살펴보면, 상장의 효익은 효율적 자본조달, VC와 기관투자가 등의 대주주의 자본회수, 기업이미지 제고, 주가활용 등이 있다. 상장에 따른 명시적/암묵적 비용은 각종 수수료, 정기/수시/조회 공시 비용, 주주압력 증대 및 지배권 약화 등에 의한 제반비용 등이 있다.

코스닥시장의 상장을 통한 효익은 〈표 3-11〉과 같다. 효율적 자본조달은 자본시장을 통해 기존의 대출 또는 VC를 통한 자금조달보다 낮은 비용(자본비용)으로 대량의 자본을 조달할 수 있다. 상장기업의 설립자 혹은 대주주의 자본회수는 상장을 통해 기존에 투자한 자본금을 회수하는 것이다. 기업이미지 제고는 상장을 통해 상장기업의 평판과 신뢰도 등이 제고되고 이는 주가 상승과 연결된다. 또한 향후 상장주식의 주가는 경영실적이 양호할 경우에 상승하므로 경영진의 스탁옵션 등을 통한 보상, 우수 거래처의 전략적 투자유치 등의 효익이 있다.

〈표 3-11〉 코스닥시장 상장의 효익

구분	내용
효율적 자본조달	• 효율적 투자재원 확보는 기업이 상장을 하는 주요 목적임 • 기업의 자본(Capital)을 조달하는 방법은 크게 내부조달과 외부조달로 구분되고 내부조달은 유보자본금을 사용하는 것이고, 외부조달은 채권이나 주식을 발행하는 것으로 상장은 주식발행을 통한 자본조달임 • 비상장기업도 비공개로 소수의 투자자에게만 주식을 매각하는 사모(Private placement)의 방식으로 자기자본(equity)을 확충하는 것이 가능하지만, 상장기업만큼 낮은 비용으로 대량의 자본을 조달하기 어려움. 상장된 주식은 유동성이 높아서 거래가 용이하여 투자자는 비상장주식보다 높은 가격을 지불함 • 자본조달은 일차적으로 내부자금으로 조달하지만 불충분할 경우 외부조달방식을 이용할 수밖에 없음.[11] 특히, 우리나라의 중소기

---

11) 기업의 자본조달 관점에서 부담하는 자본비용(또는 위험)은 타인자본(장단

	업은 채권 발행이 어렵기 때문에 코스닥 상장을 통해 효율적으로 자본을 조달하고 있음
대주주의 자본회수	• 국내 벤처기업은 상장 전에 벤처캐피털(VC)과 기관투자가로부터 seed, Pre-IPO 등으로 자금을 조달하고 있으며 대주주인 VC와 기관투자가는 IPO를 통한 자금회수가 수익성이 높으므로 이를 선호하고 있음 • 벤처기업의 상장은 성장을 위한 투자재원 확보 이외에 대주주의 자금회수(Exit)를 위해 추진하는 경우도 다수 있음
기업이미지 제고	• 상장을 통해 투자자의 인지도, 평판, 신뢰도 등 기업이미지가 제고되는 효과가 있고 이미지 제고는 궁극적으로 주가 상승으로 이어짐 • Bancel and Mittoo(2008)의 유럽 상장기업의 재무담당 최고임원(CFO)들에게 상장에 대한 설문조사 결과는 대부분의 임원이 상장이 기업 이미지를 제고한다고 하였음
주가 활용 전략	• 주식시장에서 거래되는 주식가격은 기업의 가치와 관련된 여러 정보가 효율적으로 반영됨 • 상장기업의 주식가격은 기업의 가치에 대한 유용한 지표가 될 수 있기 때문에 주가를 활용해 경영진 성과 보상(스톡옵션 등)할 수 있으며 주요 거래처와의 관계 제고를 위해 전략적 투자자(SI)[12]로 활용 가능함 • 호주의 유통업체인 Myer그룹은 기업공개 당시 자사의 우수고객들에게 주식을 배정하여 고객의 충성심을 제고함

출처: 보험연구원(2012.07.02), '상장동기와 상장이후 시장가치'; 한국은행(2021.05) '우리나라 주식시장의 실물경제 대표성 분석 – 산업별 비교를 중심으로'. 저자 재구성

기차입금)보다는 자기자본(이익잉여금, 주식발행)으로 조달하는 것이 유리함(출처: 김철중(2018), '기업가치중심의 재무제표분석', 명경사).
12) 자사의 전략적 방향에 도움을 줄 수 있는 투자자는 전략적 투자자(Strategic Investor).

코스닥시장의 상장비용은 수수료 등 명시적 비용과 상장 후 자본시장의 관계자들(애널리스트, 투자자, 증권감독당국)에 의한 추가적 감시와 준수사항 발생 등의 암묵적 비용이 발생한다. 암묵적 비용은 공시증가, 주주압력 및 경영권 방어 등의 비용으로 명시적 비용보다 더 큰 경우도 있다.

특히, 금융위원회(2019.5.2)에 의하면 상장기업의 공시위반 이유 중 가장 큰 어려움은 공시관련 법규에 대한 이해 부족(70.6%), 공시전문인력 부족에 따른 업무 부담 과중(47.2%) 등인 것으로 나타났다. KRX는 상장기업이 과거 1년 이내의 누적 벌점이 15점 이상일 때에는 관리종목으로 지정하고 지정 후 1년 이내 벌점 누계가 15점 이상이 되거나 중과실 등으로 공시의무를 위반하여 불성실공시법인으로 지정되면 상장적격성 실질심사 대상으로 지정한다.[13] 코스닥시장의 상장에 따른 명시적/암묵적 비용은 〈표 3-12〉와 같다.

---

[13] 320개 기업이 참여한 설문조사에 의하면 공시업무 중 가장 어려운 점은 공시 관련 법규에 대한 이해 부족(70.6%)과 인력부족에 따른 업무부담 과중(47.2%)인 것으로 나타남(금융위원회 보도자료(2019. 5. 2), 코스닥 시장의 공시 건전화를 위한 노력을 지속하겠습니다').

〈표 3-12〉 코스닥시장의 상장에 따른 명시적/암묵적 비용

구분	내용
수수료	• 상장 시에는 각종 수수료와 세금이 부과되는데, 인수인(underwriter)에게 지불하는 인수수수료와 발행분담금, 등록세, 교육세, 상장수수료, IR비용 등이 있음 • 국내 코스닥시장의 경우 상장주관사에 지불하는 인수수수료는 공모가의 3% 수준임 • 상장이후 후속공모 (SEO)시에도 유사한 수준의 수수료를 부담해야 함
공시증가에 따른 비용	• 벤처기업이 상장을 하면 이전에 하지 않았던 많은 공시를 해야 하기 때문에 공시 증가에 따른 비용이 크게 발생함 • 공시는 사업보고서, 반기·분기보고서, 주요사항보고서 등의 정기공시 및 주요경영사항의 수시공시, 조회공시 등이 있음 • 사업보고서는 회사의 사업내용, 이사회 등 회사의 기관 및 계열회사, 주주, 임원 및 직원에 관한 사항 등을 기재한 보고서로 주권상장법인, 그 밖에 사업보고서 제출법인은 각 사업연도 경과 후 90일 이내에 금융위원회와 KRX에 제출해야 함 • 반기·분기보고서는 사업연도 개시일로부터 6개월 동안의 사업보고서와 사업연도 개시일로부터 3개월간 및 9개월간의 사업보고서를 각각 그 기간 경과 후 45일 이내에 제출해야 함 • 주요사항보고서는 자본 또는 부채의 변동에 관한 이사회 등의 결정이 있을 때, 영업활동 전부 또는 중요한 일부가 정지되거나 그 정지에 관한 이사회의 결정이 있은 때, 중요한 영업 또는 자산을 양수하거나 양도할 것을 결의한 때 등의 사실이 발생한 경우 금융위원회에 제출하는 보고서임 • 수시공시는 해당 유가증권시장 주권상장법인의 영업 및 생산활동에 관한 사실 또는 결정이 있거나, 재무구조에 변경을 초래하는 사실 또는 결정, 기업경영활동에 중대한 사실 또는 결정이 있는 경우 발생일 당일 또는 다음날까지 KRX에 신고해야 함 • 조회공시는 투자자보호를 위해 풍문, 보도내용[14] 등의 사실 여부,

---

14) "풍문 및 보도"는 유가증권시장 주권상장법인의 기업내용에 관하여 한국거

	• 주가와 거래량이 급변할 때 투자판단에 중요한 영향을 미칠 수 있는 공개정보 여부를 증권선물거래소가 상장법인에 확인하는 제도로 주권상장법인은 공시요구 시점이 오전인 경우에는 당일 오후까지, 오후인 경우에는 다음날 오전까지 공시해야 함 • 국내 상장기업의 공시위반 건수는 코스닥 상장기업을 중심으로 매년 증가하고 있으며, 공시위반에 따른 제재금 부과 규모는 확대되고 있음
주주 압력 증대 및 지배권 약화로 인한 제반비용	• 상장회사가 주식공모를 많이 할수록 주주 압력은 증가되고 지배권은 약화됨. 회사 경영에 대한 요구와 압력이 증가하고 제반비용이 발생함 • 상장기업의 주식은 취득이 용이하기 때문에 경영진에 대해 비우호적인 주주가 대량의 주식을 취득해 경영에 참여할 수 있어 극단적인 경우 적대적인 인수합병이 발생할 가능성이 있음 • 2000년대부터 지배구조 개선을 목적으로 하는 펀드, 사회적 책임을 다하는 기업을 대상으로 투자하는 펀드 등 명확한 목적을 갖고 투자하는 펀드가 많이 조성되어 전문적이고 집단적인 주주의 압력이 증가하고 있음. 이러한 자본시장의 흐름은 향후에도 지속될 것으로 예상되므로 상장기업의 부담이 가중될 것으로 전망됨

출처: 아주경제(2024.01.05), '[공시학개론] "풍문으로 들었소" 공시로 보는 기업의 소문 '조회공시'; 보험연구원(2012.07.02), '상장동기와 상장이후 시장가치'; 법제처 홈페이지, '주식의 발행·상장 및 공시 의무; 한국은행 [2021.5 논고] 우리나라 주식시장의 실물경제 대표성 분석 – 산업별 비교를 중심으로'; 자본시장연구원(2021.08.24), '국내 상장기업의 공시위반 및 제재 현황과 시사점'. 저자 재구성

래소가 수집한 내용 및 「신문 등의 진흥에 관한 법률」에 따른 일반일간신문 또는 경제 분야의 특수일간신문 중 전국을 보급지역으로 하는 신문에 게재된 기사를 말한다[「유가증권시장 공시규정 시행세칙」(출처: 한국거래소 규정 제2233호, 2024. 5. 23. 발령시행) 제5조].

제4장
기술력평가모형과 평가등급 산출

4.1 기술력평가의 의미와 목적

4.2 기술력평가의 전제 및 특징

4.3 기술력평가모형 개발 연혁

4.4 투자용 기술력평가모형

4.5 투자용 기술력평가모형의 등급산출

4.6 투자용 기술력평가 절차

4.7 기술력평가와 기업의 가치사슬

4.1 기술력평가의 의미와 목적

기술평가의 범위는 광범위하지만 본서는 '기술평가운영지침' 제1장 제2조의 기술평가 정의를 준용한다. 기술평가는 기술가치평가와 기술력평가로 구분된다. 기술가치평가는 대상기술의 사업화를 전제로 미래에 창출된 현금흐름의 현재가치를 산출하여 금액으로 표시한다. 기술력평가는 사업주체의 인력, 조직, 기술, 서비스 등을 종합적으로 고려하여 기술개발, 혁신 및 사업화 능력을 등급 또는 점수화한다. 기술평가 유형은 〈표 4-1〉과 같다.

〈표 4-1〉 기술평가 유형

구분	내용
기술가치평가	사업화하려는 기술이나 사업화된 기술이 사업을 통하여 창출하는 경제적 가치를 기술시장에서 일반적으로 인정된 가치평가 원칙과 방법론에 입각하여 평가하고 기술가치는 금액으로 표시함
기술력평가	기술을 활용하는 주체의 인력/조직/지원 서비스 등을 종합적으로 평가함으로써 사업주체의 기술개발, 흡수 및 혁신능력을 평가하여 등급·점수 등으로 표시함

출처: 산업통상자원부(2021.02), '2020 기술평가 실무가이드'

기술력평가는 투자, 대출, 특례상장, 기술보증, 기타 등으로 다양하게 활용된다. 투자용 기술력평가는 벤처캐피털 등이 지분투자, 주식연계형 투자를 위해 사용하고 대출용은 은행 등의 금융기관이 기술신용대출 또는 기술담보대출을 위해 사업화 주체를 평가한다. 특례상장은 KRX가 의뢰한 전문평가기관이 기술특례상장 신청기업의 기술력평가를 위해 사용한다. 기술보증기금용은 기술보증기금 등이 신청기업의 보증의사결정을 위해 사용한다. 이외에 기술력평가는 기업의 기술 홍보, 기업인증을 위한 자료로도 활용되고 있다. 기술력평가의 목적은 〈표 4-2〉와 같다.

〈표 4-2〉 기술력평가의 목적

구분	목적	내용
기술력 평가	투자	벤처캐피털 등의 지분투자, 주식연계형 투자
	대출	은행 등 금융기관의 기술신용대출 또는 기술담보대출
	특례상장	한국거래소가 코스닥시장의 기술특례상장 신청기업 평가
	기술보증	기술보증기금 등이 보증의사결정
	기타	기업의 기술력 홍보, 기업인증 등을 위한 참고자료

출처: 산업통상자원부(2021.02), '2020 기술평가 실무가이드'

4.2 기술력평가의 전제 및 특징

기술력평가를 하기 위한 전제는 사업주체가 대상기술을 통해 사업화를 추진하고, 평가시점은 기술의 실현가능성을 판단할 수 있는 개발단계 이상이어야 한다. 또한 기술력평가의 평가요인의 정성적/정량적 평가를 통해 사업타당성이 확보되어야 한다. 기술력평가의 전제는 〈표 4-3〉과 같다.

〈표 4-3〉 기술력평가의 전제

구분	내용
사업화 전제	• 기술력평가는 사업주체의 기술사업화를 전제로 함 • 기술사업화의 목적은 기업이 보유하고 있는 핵심기술을 통해 매출을 발생시키며 이를 토대로 이익을 창출하는 데 있음
평가시점 전제	• 기술력평가는 기술 실현가능성을 판단할 수 있는 단계에서 수행하는 것이 적절함 • 사업화 단계 중 개발단계(생산이나 사용 전의 시제품과 모형을 설계, 제작, 시험하는 단계) 이상의 완성도에 이른 기술을 대상으로 평가하는 것이 적절함
사업타당성 전제	• 기술력평가는 기술의 사업화를 통해 충분한 사업적 타당성이 있음을 입증해야 함 • 사업타당성은 기업이 핵심기술을 사업화함에 있어서 필요한 경영역량, 기술역량, 시장잠재력 및 사업화역량 등에 대한 평가요인 분석을 통해 평가하고 타당성을 확보해야 함

출처: 산업통상자원부(2021.02), '2020 기술평가 실무가이드'

기술특례상장, 투자, 대출에 사용되는 기술력평가는 순수전문가 판단 방식이 아닌 평가모형 기반으로 사업주체의 기술력을 평가한다. 이러한 평가모형 기반의 기술력평가의 장점은 첫째, 평가항목의 평가기준과 내용을 객관적으로 평가할 수 있게 체크리스트를 사용하여 전문가의 주관적 평가에 의한 평가결과 차이를 최소화할 수 있다. 둘째, 신뢰성 있는 평가항목을 구성하기 위해 통계적 판별기법과 전문가 설문을 활용하고 있으며 마지막으로 평가용도에 맞게 평가기관별로 적합한 모형을 개발하여 사용하기에 용이하다는 점이다.

다만, 기술특례상장용 기술력평가모형은 KRX가 제시하는 평가요인을 기반으로 전문평가기관별로 기술력평가모형을 구축하여 사용하고 있어서 평가기관 간에 대분류/중분류/소분류 체계와 명칭은 동일하지만 평가지표와 가중치, 등급산출 구간은 다소 상이할 수 있다.

4.3 기술력평가모형 개발 연혁

기업의 기술력을 평가하기 위한 기술력평가모형은 2005년에 공신력을 갖춘 기술력평가모형을 제공하기 위하여 5개 평가기관이 공동으로 기술력평가모형(STBR)을 개발하였다. 해당 기술력평가모형은 4개의 대항목(기술경영 및 연구개발 능력, 기술성, 시장성, 사업성)과 13개의 중항목, 46개의 소항목으로 구성하였다.

이후에 2011년 한국산업기술진흥원의 의뢰로 한국발명진흥회에서 기술금융을 위한 목적으로 2005년에 개발된 STBR을 개선하여 기술력평가모형으로 개발하였다. 개선된 STBR은 기존 기술력평가모형에서 평가항목을 정리하여 13개의 중항목을 10개로, 46개의 소항목을 40개로 축소하였고 등급구간을 세분화하였다.

2011년 개선된 STBR의 구조는 〈그림 4-1〉과 같다. 개선된 STBR은 대상기술과 사업주체의 기술경영 및 연구개발능력, 기술성, 시장성, 사업성을 평가하여 궁극적으로 대상기술의 사업화를 통한 사업주체의 현금창출능력을 평가한다.

〈그림 4-1〉 2011년 개선된 기술력평가모형(STBR) 구조

출처: 산업통상자원부(2021.02), '2020 기술평가 실무가이드', 한국산업기술진흥원/한국발명진흥회(2011.11), '기업기술력 등급평가모형 개선연구'

기술력평가모형은 융자용, 기술특례상장용, 투자용으로 다양하게 구축되어 있다. 융자용 기술력평가모형은 5개 TCB[1]가 독립적으로 운영하던 기술력평가모형을 2020년 단일화하여 평가모형을 개발하였고 기술보증기금과 TCB사를 중심으로 사용되고 있다. 기술특례상장용 평가모형은 전문평가기관이 한국거래소가 제공한 평가항목을 기준으로 자체적으로 기술력평가모형을 개발하여 사용하고 있다.

투자용 기술력평가모형은 2016년 산업통상자원부와 금융위원회가 기존의 융자/보증 중심의 STBR 모형을 통합하고 정비하여 개발하였고 기술평가실무가이드(2020)에 수록되었다.

상기와 같이 융자용, 기술특례상장용 기술력평가모형은 목적 및 용도에 따라 관련 기관에서 별도의 평가모형들을 구축하여 사용하고 평가항목을 공개하지 않고 있어서 접근이 어렵다. 따라서 본서는 산업통상자원부와 금융위원회(2016)가 개발하고 기술평가실무가이드(2020)에 공개된 투자용 기술력평가모형을 중심으로 기술력평가의 평가요인, 등급산출 및 평가지표를 설명한다.

---

[1] TCB는 기술신용평가기관으로 기술보증기금, 나이스디앤비 등 7개 기관이 있음.

4.4 투자용 기술력평가모형

　기술평가실무가이드(2020)의 투자용 기술력평가모형은 기업의 기술력과 시장잠재력에 기반하여 기업의 미래 성장가능성을 평가하고 투자기업 선정을 위해 사용한다. 투자용 기술력평가모형은 4대 항목(경영역량, 기술성, 시장성, 사업성), 13개 중항목과 25개 소항목으로 구성된다.

　〈표 4-5〉는 투자용 기술력평가모형의 세부평가사항이다. 기업의 성장단계에 따라 창업기업 1, 창업기업 2 그리고 일반기업으로 구분한다. 창업기업(1)은 창업 후 7년 이내 기업으로 제품(서비스)를 출시하기 전이거나 출시 후 2년이 경과하지 않은 기업이다. 창업기업(2)는 창업 후 7년 이내 기업으로 제품(서비스) 출시 후 2년이 경과한 기업이고 일반기업은 창업 후 7년 초과 기업이다.

　창업기업(1)과 창업기업(2)/일반기업 간의 차이는 중항목 기준으로 기술경쟁력과 사업화역량에서 나타난다. 전자인 기술경쟁력은 기술역량의 중항목으로 창업기업(1)은 기술의 혁신성을 평가하고, 창업기업(2)/일반기업은 기술의 차별성을 평가한다. 후자인 사업화역량은 사업역량의 중항목으로 창업기업(1)은 생산계획의 타당성과 판매처확보 여부를 평가하고 창업기업(2)/일반기업은 생산역량과 판매처의 다양성/안정성을 평가한다.

〈표 4-5〉 투자용 기술력평가모형

대항목	중항목	소항목		
		창업기업 1 (사업화 이전)	창업기업 2 (사업화 이후)	일반기업
경영역량	기업가정신과 신뢰	기업가정신	기업가정신	기업가정신
		경영주 신뢰성	경영주 신뢰성	경영주 신뢰성
	경영주 역량	기술경험수준	기술경험수준	기술경험수준
		기술지식수준	기술지식수준	기술지식수준
	경영진 역량	기술경험수준	기술경험수준	기술경험수준
		기술지식수준	기술지식수준	기술지식수준
	경영관리 역량	경영관리능력	경영관리능력	경영관리능력
		투자관리능력	투자관리능력	투자관리능력
기술역량	기술개발 역량	기술개발인력	기술개발인력	기술개발인력
		기술개발투자	기술개발투자	기술개발투자
	기술경쟁력	기술의 혁신성	기술의 차별성	기술의 차별성
		기술의 완성도	기술의 완성도	기술의 완성도
		모방난이도	모방난이도	모방난이도
	지식재산역량	권리안정성	권리안정성	권리안정성
		권리행사 제한가능성	권리행사 제한가능성	권리행사 제한가능성
		지식재산 이용률	지식재산 이용률	지식재산 이용률
시장 잠재력	시장현황	시장규모	시장규모	시장규모
		시장성장성	시장성장성	시장성장성
	시장경쟁성	시장경쟁구조	시장경쟁구조	시장경쟁구조
		경쟁제품과의 비교우위성	경쟁제품과의 비교우위성	경쟁제품과의 비교우위성
사업역량	사업화 역량	생산계획의 타당성	생산역량	생산역량
		판매처 확보 여부	판매처의 다양성/안정성	판매처의 다양성/안정성
	사업전망	매출전망	매출전망	매출전망
		이익전망	이익전망	이익전망
		투자회수 전망	투자회수 전망	투자회수 전망

출처: 산업통상자원부(2021.02), '2020 기술평가 실무가이드'

4.5 투자용 기술력평가모형의 등급산출

기술력평가등급 산출은 적용모형의 선택, 기술력평가표에 따른 평가, 평점 산출, 등급결정의 순으로 진행된다. 적용모형의 선택은 평가를 진행하기 앞서 사업주체의 설립연도와 사업화 여부에 따라 모형을 선택한다. 기술력평가표에 따른 평가는 평가자가 투자용 기술력 평가항목의 세부기준에 근거해 개별 항목을 평가하여 항목별 평가등급을 부여한다.

평점산출은 개별 평가항목에 대해 점수를 부여하고, 평가항목별 가중치를 적용하여 대상기업에 대한 최종 기술력평점을 산출한다. 등급결정은 최종평점에 대해 평가등급 구간표에 따라 평가등급을 결정한다. 투자용 기술력평가모형의 등급산출 과정은 〈표 4-6〉과 같다.

투자용 기술력평가모형의 세부지표의 가중치는 대상기업의 유형이 창업기업 1, 창업기업 2, 그리고 일반기업인지에 따라 상이하다. 창업기업은 사업화이전과 사업화이후로 구분하였다. 창업기업 1은 사업화이전 기업으로 경영역량 중에서 기업가정신과 신뢰, 경영주 역량과 경영진 역량의 가중치가 높으며, 사업역량의 생산역량/판매처의 다양성 및 이익전망 등은 상대적으로 낮은 가중치를 부여한다. 이는 창업기업 1은 기업의 기술력으로 실질적으로 매출이 발생하기보다는 사업화를 준비하고 있어서 기업가정신과 신뢰와 경영주/경영진의 인적역량을 높게 평가한다.

〈표 4-6〉 투자용 기술력평가모형의 등급산출 과정

구분	내용
적용모형 선택	• 투자용 기술력평가모형은 기업의 성장단계에 맞추어 창업기업 1(사업화 이전), 창업기업 2(사업화 이후), 일반기업으로 구성되어 있으며 평가를 진행하기 앞서 평가에 적용할 모형을 선택해야 함 ① 창업기업 1(사업화이전)모형: 창업 후 7년 이내 기업으로 제품(서비스) 출시 전이거나, 출시 후 2년이 경과하지 않아 매출액성장률을 계산할 수 없는 경우 ② 창업기업 2(사업화이후)모형: 창업 후 7년 이내 기업으로 제품(서비스) 출시 후 2년이 경과하여 매출액성장률 계산이 가능한 경우 ③ 일반기업모형: 창업 후 7년 초과
기술력평가표에 따른 평가	• 평가자는 투자용 기술력 평가항목 세부기준에 근거하여 개별 평가항목을 평가하여 항목별 평가등급을 부여함
평점산출	• 기술력 평가표에 따라 25개 평가항목에 대한 평가를 실시한 후, 개별 평가항목에 대해 A등급은 5점, B+~B등급은 4.5~4.0점, C+~C등급은 3.5~3.0점, D+~D등급은 2.5~2.0점, E+~E등급은 1.5~1.0점을 각각 부여하고, 〈표 4-7〉에 제시되어 있는 각 평가항목별 가중치를 적용하여 대상기업에 대한 최종 기술력 평점을 산출함
등급결정	• 최종 평점이 산출되고 〈표 4-8〉의 평가등급 구간표에 따라 해당 기업의 기술력 평가등급을 부여함 • 기술력 평가등급은 AAA에서 C까지 총 9개 등급으로 해당 기업이 획득한 최종 기술력 평점을 기준으로 부여함 • 단, 등급구간은 평가기관별로 상이할 수 있음

출처: 산업통상자원부(2021.02), '2020 기술평가 실무가이드', 저자 재구성

반면, 일반기업은 사업화에 성공하여 매출이 발생하고 있으므로 경영주/경영진의 인적역량보다는 시장잠재력(시장규모, 시장성장성, 경쟁구조)과 사업전망(매출/이익전망, 투자회수전망)의 세부지표에 상

대적으로 높은 가중치를 부여하여 평가한다. 투자용 기술력평가모형의 세부지표 가중치는 〈표 4-7〉과 같다.

〈표 4-7〉 투자용 기술력평가모형의 세부지표 가중치

대항목	중항목	소항목	창업기업1 (사업화 이전)	창업기업2 (사업화 이후)	일반기업
경영 역량	기업가정신과 신뢰	기업가정신	5.0%	4.0%	3.0%
		경영주 신뢰성	4.5%	4.0%	3.5%
	경영주 역량	기술경험수준	4.5%	4.0%	3.0%
		기술지식수준	4.0%	3.5%	3.0%
	경영진 역량	기술경험수준	4.5%	3.5%	3.0%
		기술지식수준	4.0%	3.5%	3.0%
	경영관리 역량	경영관리능력	4.0%	3.5%	3.0%
		투자관리능력	4.5%	4.0%	3.5%
기술 역량	기술개발역량	기술개발인력	4.0%	4.0%	4.0%
		기술개발투자	4.5%	4.5%	4.0%
	기술경쟁력	기술차별성 (기술의 혁신성)	4.0%	4.0%	4.0%
		기술완성도	4.0%	4.0%	4.0%
		모방난이도	3.5%	3.5%	3.5%
	지식재산역량	권리안정성	3.0%	3.0%	3.0%
		권리행사제한가능성	3.5%	3.5%	3.5%
		지식재산 이용률	3.5%	3.5%	4.0%
시장 잠재력	시장현황	시장규모	4.0%	5.0%	5.0%
		시장성장성	4.0%	5.0%	5.0%
	시장경쟁성	시장경쟁구조	4.0%	5.0%	5.0%
		경쟁제품과의 비교우위성	5.0%	5.0%	5.0%

사업 역량	사업화 역량	생산역량 (생산계획의 타당성)	3.0%	3.0%	4.0%
		판매처의 다양성/ 안정성 (판매처 확보 여부)	3.0%	4.0%	4.0%
	사업전망	매출전망	4.0%	4.0%	6.0%
		이익전망	3.0%	4.0%	5.0%
		투자회수 전망	5.0%	5.0%	6.0%
합계			100.0%	100.0%	100.0%

출처: 산업통상자원부(2021.02), '2020 기술평가 실무가이드'

투자용 기술력평가모형의 기술력 등급 산출을 위한 계산식은 〈그림 4-3〉과 같다. 〈표 4-7〉의 소항목 평가사항 평점이 5점인 경우 기술력 평점은 100점이고 1점인 경우 기술력 평점은 20점으로 산출된다.

〈그림 4-3〉 투자용 기술력평가모형 등급산출 공식

$$\text{최종 기술력 평점} = \sum_{i=1}^{n} w_i X_i \times 20$$

$w_i = i$번째 평가 소항목의 가중치, $\sum_{i=1}^{n} w_i = 100\%$

$X_i = i$번째 평가 소항목의 평가, 1~5점

출처: 산업통상자원부(2021.02), '2020 기술평가 실무가이드'

〈표 4-8〉 등급구간의 설정[2]

투자적격성	등급	등급구간(예시)	정의
투자가능	AAA	90점 이상	기술력과 시장 성장잠재력이 최상위 수준으로 미래 성장가능성이 최상위 수준임
	AA	84점 이상	기술력과 시장 성장잠재력이 매우 우수하여 미래 성장가능성이 매우 우수한 수준임
	A	77점 이상	기술력과 시장 성장잠재력이 우수하여 미래 성장가능성이 우수한 수준임
	BBB	70점 이상	기술력과 시장 성장잠재력이 양호하여 미래 성장가능성이 양호한 수준임
투자유의	BB	60점 이상	기술력과 시장 성장잠재력이 보통 수준으로 미래 성장가능성은 보통 수준임
	B	52점 이상	기술력과 성장잠재력이 다소 부족하여 미래 성장가능성이 다소 부족한 수준임
투자 부적격	CCC	48점 이상	기술력과 성장잠재력이 낮아 미래 성장가능성이 낮은 수준임
	CC	40점 이상	기술력과 성장잠재력이 매우 낮아 미래 성장가능성이 매우 낮은 수준임
	C	40점 미만	기술력과 성장잠재력 측면에서 미래 성장가능성이 거의 없는 상태임

출처: 산업통상자원부(2021.02), '2020 기술평가 실무가이드'

투자용 기술력평가모형의 등급구간은 〈표 4-8〉과 같다. 평가등급이 AAA~BBB는 투자가능 구간이고 BB~B는 투자유의 구간, 그리고 CCC~C는 투자부적격 구간이다. 투자가능(AAA~BBB)은 기술력과 시장 성장잠재력이 양호하고 미래 성장가능성이 높다고

---

[2] 평가기관이 자체기준에 따라 등급구간을 조정하여 사용할 수 있음.

평가한다. 투자유의(BB~B)는 기술력과 시장 성장잠재력이 보통에서 다소 부족한 수준으로 투자에 있어 유의가 필요한 것으로 평가한다. 투자부적격(CCC~C)은 기술력과 성장잠재력이 낮아서 미래 성장가능성이 낮거나 거의 없는 상태로 투자가 부적격한 것으로 평가한다. 다만, 기술평가전문기관별로 등급구간과 점수는 〈표 4-8〉과 다소 상이할 수 있다.

4.6 투자용 기술력평가 절차

투자용 기술력평가의 절차는 투자기관이 신청하는 경우와 사업주체가 신청하는 경우가 서로 상이하다. 투자용 기술력평가의 절차에서 투자자(VC, 은행 등)가 신청하는 경우는 〈그림 4-3〉과 같다. 중소기업은 투자자에게 기술평가를 상담하고, 투자자는 기술평가기관에 기술평가를 신청한다. 기술평가기관은 신청기업에 현장실사와 평가를 진행하고, 평가결과를 투자사에 통보한다. 중소벤처기업부 등의 지원기관이 있을 경우 지원기관은 기술평가기관에 평가료의 전액 또는 일부를 지원하므로 투자사는 평가료를 감액받는다.

투자용 기술력평가의 절차에서 중소기업이 신청하는 경우는 〈그림 4-4〉와 같다. 신청기업인 중소기업은 투자자와 기술평가 상

〈그림 4-3〉 투자용 기술력 평가의 절차 [투자자(기관)가 신청하는 경우]

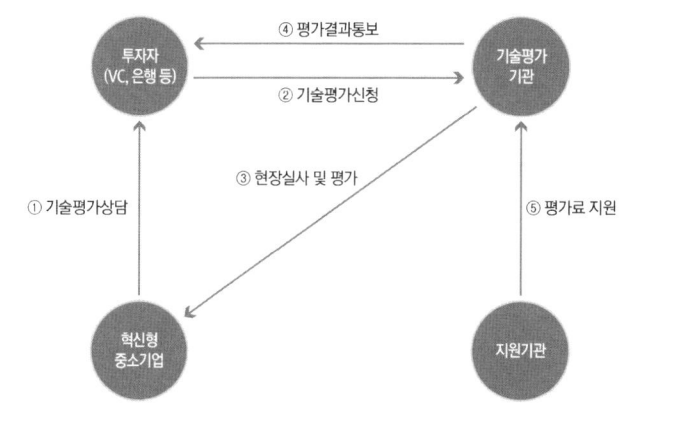

출처: 산업통상자원부(2021.02), '2020 기술평가 실무가이드

〈그림 4-4〉 투자용 기술력 평가의 절차 [중소기업이 신청하는 경우]

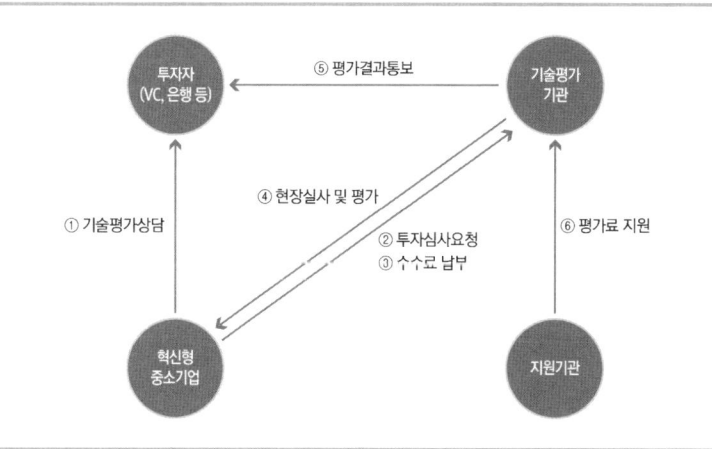

출처: 산업통상자원부(2021.02), '2020 기술평가 실무가이드

담을 진행하고 기술평가기관에 기술력평가를 의뢰한다. 기술평가기관은 신청기업의 현장실사와 기술력을 평가하고, 투자자에게 평가결과를 통보한다. 신청기업은 기술평가기관에 평가료를 지불한다. 중소벤처기업부 등의 지원기관이 있을 경우 지원기관은 기술평가기관에 평가료의 일부 또는 전부를 지원하므로 신청기업은 평가료를 감액 받는다.

기술력평가의 소요기간은 평가신청, 기술력평가 및 보고서 작성, 결과 통보까지 대략 2개월 정도 걸린다. 기술평가기관의 기술력평가는 평가의 난이도, 현장실사, 자료의 수집 등에 따라 차이는 있지만 약 4주~6주 정도 소요된다.

투자용 기술력평가는 평가신청 단계, 평가수행 단계, 평가보고서 작성 단계, 평가보고서 작성 완료 및 통보 단계 등으로 진행된다. 평가신청 단계는 투자사가 투자의 필요성, 가능성, 기술평가의 필요성 등을 사전적으로 검토하고, 기술력평가를 전문기관에 신청한다. 평가수행 단계는 기술력평가기관에서 대상기업의 사전인터뷰, 전문가 섭외 및 현장실사 등을 통해 기업의 기술력평가에 필요한 자료를 수집한다. 평가보고서 작성은 기업의 사업역량에 대한 평가를 종합하여 최종 기술력 평가점수 및 등급을 산출하여 평가보고서를 작성한다.

기술평가기관은 1차로 완성된 보고서에 대해 내부 품질검사 과정을 거친 후에 최종 보고서를 신청기관인 투자사 또는 신청기업에 전달한다. 신청기업인 투자사(또는 신청기업)는 평가료를 지불하고, 중소벤처기업부 등의 지원기관이 있는 경우 지원기관은 평가료의 일부 또는 전액을 기술평가기관에 지급하면 기술력평가는 완료된다. 투자용 기술력평가 단계는 〈표 4-9〉와 같다.

〈표 4-9〉 투자용 기술력평가 단계

구분	내용
평가신청 단계	• 신청단계에서 벤처캐피탈 등 투자사(기관)는 투자를 원하는 중소기업과의 협의 및 예비심사를 통해 투자의 필요성, 투자의 가능성, 기술평가의 필요성 등을 사전적으로 검토 • 사전검토결과 별도의 기술력 평가가 필요하다고 판단되는 경우, 해당 중소기업 또는 투자사(기관)는 기술평가기관에 기술력 평가 신청
평가수행 단계	• 평가신청이 접수되면 기술평가기관은 PM(평가책임자)을 지정하고 사전인터뷰, 현장실사 등의 일정 수립 • 사전인터뷰 - 평가대상이 되는 주요 기술의 정의, 사업주체에 대한 정보 획득, 평가일정 계획 수립 등 사전정보 수집 및 평가절차 등을 검토 • 전문가 섭외 및 현장실사 일정 확인 - PM은 기술평가기관 내부에서 전문인력을 구성하거나 외부전문가 풀 등을 활용하여 경영역량, 기술성(지적재산권 포함), 시장성, 사업성 등의 전문가로 평가팀을 구성하고 전문가의 일정, 기업의 일정 등을 고려해 현장실사 일정, 참여인원, 인터뷰 대상자 등을 확정하고, 평가대상기업에 관련자료를 요청함 • 현장실사 - 현장실사는 평가대상기업의 본사 또는 사업장을 방문하여 대상 기술과 관련된 연구 및 제조설비, 핵심 기술인력, 사업관리 인력 등을 면담함 - 사전에 준비된 질문지를 토대로 기업의 주요 사업 및 기술내용을 파악한 뒤 추가 자료 요청함

평가보고서 작성단계	• 평가보고서 작성은 경영역량, 기술역량, 시장/사업역량의 전문위원은 내/외부 전문자료/시장조사 및 기업이 제시한 자료를 기반으로 평가를 진행하고 해당 평가결과와 기업의 사업역량에 대한 평가를 종합하여 기술력평가점수와 등급을 산출하여 1차적으로 보고서를 완성함
평가보고서 작성 완료 및 통보	• 1차로 완성된 평가보고서는 기술평가기관의 내부 품질검사 과정을 거치고 최종 기술평가보고서가 작성 • 기술평가기관은 최종 기술평가보고서를 신청기관(투자사) 또는 신청기업에 송부함
기술평가 비용 지원	• 기술력평가가 완료되면, 기술평가 신청기관인 투자자 또는 신청기업은 평가료를 지불함 • 중소벤처기업부 등의 지원기관이 있는 경우에 지원기관은 평가료의 일부 또는 전액을 기술평가기관에 지급함

출처: 산업통상자원부(2021.02), '2020 기술평가 실무가이드, 저자 재구성

4.7 기술력평가와 기업의 가치사슬

    기술력평가는 기술을 활용하는 사업주체의 인력/조직/지원 서비스 등을 종합적으로 평가하여 사업주체의 기술개발, 흡수 및 혁신 능력을 평가하고 이를 등급·점수 등으로 표시한다. 기업의 가치사슬과 개선된 STBR(〈그림 4-1〉)[3]의 기술력평가요인을 연계하면 〈그림 4-2〉와 같다.

---

3) 본서의 4.3 기술력평가모형 개발 연혁의 〈그림 4-1〉 참조

〈그림 4-2〉 기술력평가모형(STBR)과 가치사슬

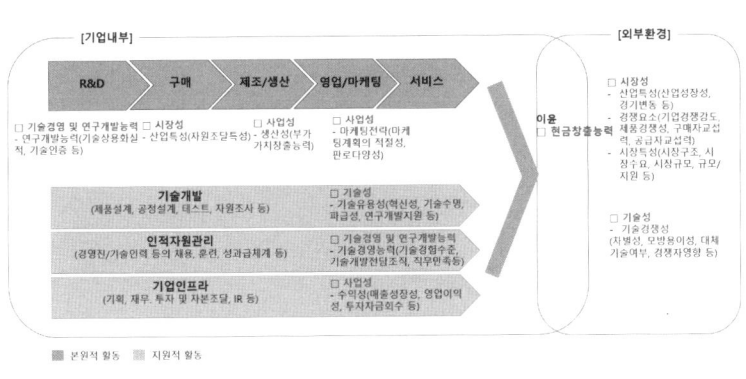

출처: 김경문&김연성역(2011), '마이클포터 경쟁론', 21세기북스. 저자 작성

　기업의 가치사슬에서 본원적 활동인 R&D, 구매, 제조/생산, 영업/마케팅은 기술력평가의 기술경영 및 연구개발능력, 시장성 일부, 사업성 평가와 관련이 있다. 가치사슬의 지원적 활동인 기술개발, 인적자원관리, 기업인프라는 기술력평가의 기술성, 기술경영 및 연구개발능력 그리고 사업성과 관련이 있다. 기업의 외부환경에서 시장성의 산업특성, 경쟁요소, 시장특성 및 기술성의 기술경쟁성을 평가한다. 기술력평가는 기업 내부의 가치사슬과 외부의 경영환경에서 기술력평가의 평가요인인 기술경영 및 연구개발능력, 기술성, 사업성 및 시장성을 평가함으로써 궁극적으로 대상기술을 통한 사업주체의 이윤(현금창출능력)을 평가한다.
　상기와 같이 기술력평가는 대상기술의 사업화와 관련된 기업의 전체 가치사슬과 외부환경을 평가하므로 특례상장 신청기업은 대상기술의 연구개발능력뿐 아니라 사업화를 성공시키기 위한 구매/생산/마케팅 등의 본원적 활동과 기술개발/인적자원관리 등의 지원적 활동 등의 전반적인 역량을 확보하고 기술제품은 목표시장에서 원가/품질경쟁력으로 현금창출능력을 갖고 있어야 우수한 기술력평가등급을 받을 수 있다.

제5장
투자용 기술력평가의 평가요인

5.1 기술력평가의 정성/정량 평가

5.2 기술력 평가요인 및 유의사항

    5.2.1 경영역량 평가요인

    5.2.2 기술역량 평가요인

    5.2.3 시장잠재력 평가요인

    5.2.4 사업역량 평가요인

5.3 기술력평가의 평가기준 및 평가지표

    5.3.1 평가항목의 평가등급과 점수

    5.3.2 경영역량 평가지표

    5.3.3 기술역량 평가지표

    5.3.4 시장잠재력 평가지표

    5.3.5 사업역량 평가지표

5.1 기술력평가의 정성/정량 평가

기술력평가는 정성평가를 통해 대상기술과 사업주체가 사업타당성[1]을 확보하였다고 판단되면 평가요인과 세부 평가항목의 정량평가로 평가등급(또는 점수)을 산출한다. 투자용 기술력평가모형은 대항목/중항목/소항목의 체계이고 대항목 기준으로 경영역량, 기술역량, 시장잠재력 및 사업역량[2]으로 구성된다. 기술력평가와 정성·정량 평가 간의 관계는 〈그림 5-1〉과 같다.

〈그림 5-1〉 투자용 기술력평가의 정성·정량 평가 관계

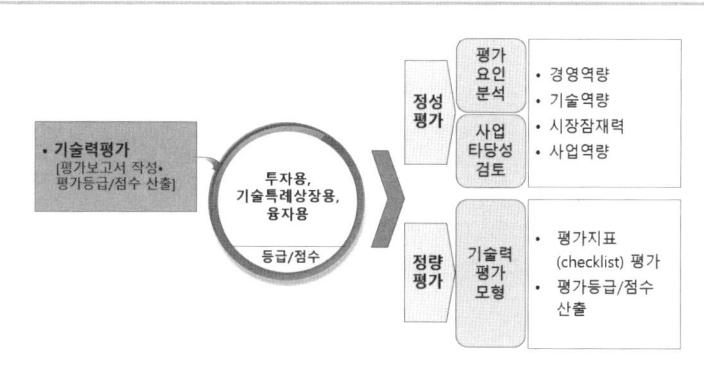

---

1) 사업타당성은 기업이 핵심기술을 사업화함에 있어서 필요한 경영역량, 기술역량, 시장잠재력 및 사업화역량 등을 확보하고 있는지 평가함.
2) STBR 기술력평가모형(2011)의 평가요인은 기술경영 및 연구개발능력, 기술성, 시장성, 사업성이고 투자용 기술력평가모형(2016)의 평가요인은 경영역량, 기술역량, 시장잠재력, 사업역량으로 기술력평가모형 간에 평가요인의 구분과 명칭은 서로 상이함.

5.2 기술력 평가요인 및 유의사항

5.2.1 경영역량 평가요인

경영역량은 중항목 기준으로 기업가정신과 신뢰, 경영주역량, 경영진역량, 경영관리역량으로 평가한다. 기업가정신은 경영주(또는 창업자)의 성취욕구, 결단력, 위험감수성 등의 기업가정신을 평가하고 경영주신뢰성은 경영자에 대한 대내외적 평판, 기업의 투명성을 평가한다. 경영주역량은 경영주의 근무경력과 동업종 종사경력으로 기술경험수준을 평가하고 전공분야/취득학위 등으로 기술지식수준을 평가한다.

경영진역량은 대표이사를 제외한 주요경영진의 동업종 근무경력으로 기술경험수준과 경영진의 전공분야, 취득학위 및 자격 등으로 기술지식수준을 평가한다. 경영관리역량은 기술사업화의 성과관리, 조직관리 등의 경영관리능력과 기술사업화의 자금조달 및 운영에 대한 투자관리능력을 평가한다. 경영역량의 평가항목은 〈표 5-1〉과 같다.

경영역량의 추가 평가항목 및 유의사항은 〈표 5-2〉와 같다. 경영역량의 평가항목에 포함되지 않지만 주주현황으로 기업의 형식적/실질적 지배구조와 기관투자가 투자내역과 투자조건 등을 평가한다. 기업가정신과 신뢰에서 대표이사 경영권확보와 관련된 내용

〈표 5-1〉 경영역량의 평가항목

중항목	소항목	항목설명
기업가 정신과 신뢰	기업가 정신	• 성취욕구, 결단력, 위험감수성 등 경영주가 사업수행을 위해 갖추어야 하는 기업가정신을 평가함
	경영주 신뢰성	• 경영자에 대한 대내외적인 평판과 기업경영의 투명성 등을 평가함
경영주역량	기술경험 수준	• 경영주의 근무경력을 통해 평가함 • 다만, 대상기업의 업종과 동일한 사업 분야에 종사했을 경우에 이를 동업종 경험으로 인정함
	기술지식 수준	• 경영주의 전공분야, 취득학위 및 자격증 등을 "기술지식수준 판단표"에서 정한 기준에 따라 평가함
경영진역량	기술경험 수준	• 경영주를 제외한 경영진(관리, 기획, 재무, 기술(디자인), 마케팅 등 담당핵심인력)의 동업종 근무경력을 통해 평가함 • 다만, 대상기업의 업종과 동일한 사업분야에서 종사하였을 경우에 이를 동업종 경험으로 인정함
	기술지식 수준	• 경영주를 제외한 경영진(관리, 기획, 재무, 기술, 마케팅 등 담당 핵심인력)의 전공분야, 취득학위 및 자격증 등을 "기술지식수준 판단표"에서 정한 기준에 따라 평가함
경영관리 역량	경영관리 능력	• 기술사업화를 추진하는 데 필수적인 기술사업화 관리 능력과 의지를 기술의 확보 및 보유, 성과관리, 조직관리, 분쟁관리, 정보관리 등을 통해 평가함
	투자관리 능력	• 경영주가 기술사업화를 추진하는 데 필수적인 자금조달 및 운용과 관련된 관리능력을 평가함

출처: 산업통상자원부(2021.02), '2020 기술평가 실무가이드', 저자 재구성

과 경영자의 사회기여도/평판 등을 조사하고 평가한다. 경영주/경영진역량은 기술사업화 전략(기술개발, IP관리, 제품화, 마케팅 등)을 평가하고 기술경영 등의 취약점을 보완하기 위한 노력을 평가한다.

〈표 5-2〉 경영역량의 추가 평가항목 및 유의사항

구분	내용
주주현황	• 경영진 및 주주현황으로 기업의 형식적 및 실질적 지분구조, 기업 지분 관계에서 특이사항, (실질)경영권의 문제 등을 평가함 • 주요 주주 중 기업경영에 실질적으로 영향을 줄 수 있는 인력들에 대한 주요사항이나 경영진에 대한 내외부 평가를 기술함 • 기관투자자가 있는 경우, 기관투자자의 투자일자, 투자규모, 투자배수, 투자조건 등을 구체적으로 기술
기업가 정신과 신뢰	• 대표이사의 경영권 확보(승계, 창업, 기업인수 등)에 관련된 내용 • 대표이사가 동 사업의 경영자로 취임하기 전부터 현재까지 경력이 동 사업의 경영자의 역할과 부합하는지 평가 • 경영자의 대내외적인 평판, 사회기여도, 기업경영의 투명성 등에 대해 구체적으로 조사하고 평가
경영주 역량	• 경영주의 기술혁신 및 개발에 대한 집중도, 이를 구현하기 위한 구체적 실천내용, 전략(기술개발, IP관리, 제품화, 마케팅 등의 관점)에 대해 평가 • 경영주의 기술 및 관련시장에 대한 이해도를 평가할 때, 단순 학력이나 경험보다 기술과 관련해 전문가로서 역량 평가 • 경영주의 기술, 경영 등의 취약점을 보완하기 위한 구체적 노력, 내용 등에 대해 평가 • 평가자는 평가기준에 따라 평가하되, 정량지표 평가결과와 달리 경영주의 지식 및 경험수준이 부족하다고 판단하는 경우 해당 근거를 기술하고 평가등급을 하향 조정할 수 있음
경영진 역량	• 경영진의 기업경영 및 기술개발 기여도, 이를 구현하기 위한 구체적 실천내용, 전략(기술개발, IP관리, 제품화, 마케팅 등의 관점)에 대해 평가 • 경영진의 기술 및 관련시장, 사업에 대한 이해도를 평가할 때, 단순 학력이나 경험보다 기술과 관련해 전문가로서 역량을 평가 • 평가자는 평가기준에 따라 평가하되, 정량지표 평가결과와 달리 경영진의 지식 및 경험수준이 부족하다고 판단하는 경우 해당 근거를 기술하고 평가등급을 하향 조정할 수 있음
	• 기술의 확보, 보유, 성과, 활용, 조직, 분쟁 등의 관리와 관련된 주요

경영관리 역량	사항에 대해 경영주 내지 경영진이 얼마나 효과적으로 관리하고 있는지 기술하고, 평가자는 기업으로부터 제출받은 자료에 근거하여 평가함 • 투자관리능력은 경영주 또는 경영진이 기업의 자금조달 및 운용에 대하여 적절하게 계획을 수립하고, 집행하고 있는지를 평가하며, 평가자는 기업으로부터 제출 받은 자료에 근거하여 평가함

출처: 산업통상자원부(2021.02), '2020 기술평가 실무가이드', 저자재구성

경영관리 역량은 기술의 확보, 보유, 성과, 활용, 조직, 분쟁 등의 관리와 투자관리능력으로 경영주/경영진의 투자계획 및 자금조달 집행을 평가한다. 평가자는 평가기준에 따라 평가하지만 정량지표 결과와 달리 경영주/경영진의 지식 및 경험수준이 부족하다고 판단되는 경우에 해당근거를 기술하고 평가등급을 하향 조정할 수 있다.

5.2.2 기술역량 평가요인

기술역량은 중항목 기준으로 기술개발역량, 기술경쟁력, 지식재산역량을 평가한다. 기술개발역량은 기술개발인력을 특급, 고급, 중급 등으로 구분하여 평가하고 기술개발 투자는 최근 3년간 기술개발실적, 수상 및 인증 그리고 지식재산권 확보와 연구개발투자 수준으로 평가한다. 기술경쟁력은 대상기술과 기존기술 비교를 통한 기술의 차별성, 기술의 혁신성, 기술의 완성도 그리고 모방난이도를 평가한다.

〈표 5-3〉 기술역량의 평가항목

중항목	소항목	항목설명
기술개발 역량	기술개발 인력	• 기술개발인력(기술지식수준 판단표 준용)에 대해 특급, 고급, 중급, 초급, 기타 기술자로 구분해 평가
	기술개발 투자	• 대상기업의 최근 3년간 기술개발 실적(기술(디자인)개발, 기술(디자인)제품화, 각종 인증 및 수상)과 기 보유한 지식재산권 및 연구개발투자 수준을 평가
기술 경쟁력	기술의 차별성	• 대상기업이 보유하고 있는 기술을 기존 기술과 비교하여 차별성과 신기술 개척가능성 등을 평가
	기술의 혁신성	• 사업계획 중인 기술의 완성도, 차별성 및 신기술 분야 개척 가능성 등을 종합적으로 평가
	기술의 완성도	• 대상기술의 기술개발 진척도를 통해 평가 • 아이디어 단계부터 제품화, 상업화가 가능한 단계까지 기술개발의 단계를 평가
	모방 난이도	• 대상기술의 사업화를 위한 기술개발에 소요되는 비용 및 기간, 지식재산권 등록 여부, 사업에 미치는 영향 등에 근거해 모방의 난이도 평가
지식재산 역량	권리 안정성	• 등록된 권리가 무효화되지 않고, 안정적으로 유지될 가능성(무효심판 제기가능성, 선행기술조사결과 등을 고려) 평가 • 유사특허 권리가 다수 존재할 경우 이들 권리간의 차별적 속성을 비교하여 권리의 안정성 평가
	권리행사 제한 가능성	• 권리범위가 사업화하고자 하는 지역에 출원/등록되어 있는지, 청구항이 보호하고자 하는 권리범위를 적절히 포함하고 있는지, 타인에 의한 회피기술 출현 가능성 수준을 평가
	지식재산의 활용도	• 대상기업이 보유한 지식재산이 실제로 제품 제조에 활용되는 수준을 평가함. 제품을 구성요소별로 분류하고 지식재산의 적용수준 평가

출처: 산업통상자원부(2021.02), '2020 기술평가 실무가이드', 저자 재구성

지식재산역량은 대상기술과 관련된 특허의 권리안정성, 권리행사제한 가능성, 그리고 지식재산이 대상기술에 적용된 수준인 지식재산 활용도를 평가한다. 기술역량의 평가항목은 〈표 5-3〉과 같다.

기술역량의 추가 평가항목 및 유의사항은 〈표 5-4〉와 같다. 기술개발역량에서 기술개발인력은 학력, 전공, 신입사원 충원율 및 평균근무연수 등을 종합적으로 평가하고, 지식재산권은 사업화와 관련된 특허를 높게 평가한다. 연구개발투자는 기술사업화에 기여 수준 등을 고려하여 평가한다. 기술경쟁력에서 기술의 차별성은 기업의 핵심기술과 유사경쟁기술을 비교하고 기술의 완성도는 사업화관점에서 평가하고 기술개발단계가 시제품제작 이후에는 대상기술 제품을 확인해야 한다. 모방난이도는 기술개발 투자규모, 소요시간, 지식재산권보호 정도 등을 종합적으로 평가한다.

지식재산역량의 권리안정성은 특허검색으로 유사경쟁특허 자료를 확보하여 평가하고 권리행사제한 가능성은 청구항의 범위, 유사특허비교 및 특허출원 지역 등을 확인하고 지식재산 활용도는 특허의 청구항과 제품/서비스의 구성요소를 맵핑하여 청구항의 적용수준을 평가한다.

〈표 5-4〉 기술역량의 추가 평가항목 및 유의사항

구분	내용
기술개발 역량	• 기술개발인력은 핵심기술인력의 학력, 전공분야, 최근 신입사원 충원율, 평균근무연수 등을 종합적으로 평가 • 기술개발인력들의 기술개발실적과 사업화실적 등을 비교 분석 • 지식재산권은 특허, 실용신안, 디자인, 상표권, 품종보호권, 프로그램 등을 포함하며, 실질적으로 사업화에 사용되거나 사용될 가능성이 높은 것에 대해 평가 • 연구개발투자는 해당 금액이 연구개발 인력의 인건비인지, 연구개발 장비의 구입과 비용인지 등을 검토하고, 연구개발의 기여수준 등의 실효성을 고려하여 평가
기술 경쟁력	• 기술의 차별성은 기업의 핵심기술과 유사경쟁기술을 비교하여 평가하고, 유사경쟁기술에 대한 자료는 기업 제출 자료와 외부 전문기관의 객관적인 자료 활용함 • 기술의 완성도는 사업화 관점에서 기술개발이 어느 정도 진척되었는 지를 통해 평가하며, 대상기술에 대해 아이디어 단계, 연구개발 단계, 시제품 제작 단계, 제품화 완료 단계, 양산준비 단계 등을 평가함. 시제품 제작 이후에는 해당 제품을 육안으로 확인함 • 모방난이도는 기술개발에 소요되는 기간, 기술개발비, 지식재산권에 의한 보호정도, 리버스 엔지니어링의 가능성 등을 통해 객관적으로 평가함. 소요기간, 개발비 등에 대해 관련 문서 등으로 확인하고 지식재산권에서 권리범위 분석, 회피설계 가능성 등을 종합적으로 평가함
지식재산 역량	• 권리안정성은 기업이 보유하고 있는 핵심특허와 유사경쟁특허를 비교하여 평가하고, 유사경쟁특허에 대한 자료는 특허검색 등으로 확보함 • 권리행사 제한 가능성은 권리가 사업화 목표지역에서 적절히 출원/등록 되어 있는지, 청구항이 보호하고자 하는 권리범위를 적절히 포함하고 있는지 등을 평가하고, 유사특허와 비교, 특허출원 지역 등을 확인함 • 지식재산 활용도는 기업의 지식재산이 실제로 제품제조에 사용되는 정도를 평가하는 것으로 제품/서비스의 구성요소를 분석한 후에 지식재산권의 적용 여부를 검토함

출처: 산업통상자원부(2021.02), '2020 기술평가 실무가이드', 저자 재구성

5.2.3 시장잠재력 평가요인

시장잠재력은 중항목 기준으로 시장현황 및 전망, 시장경쟁성을 평가한다. 시장현황 및 전망에서 시장규모는 국내외의 시장전문기관 자료, 산업분석보고서, 전문가 의견 등을 근거로 시장규모를 평가하고 시장의 성장성은 향후 5년 정도의 시장 규모와 성장성을 평가한다. 시장경쟁성에서 경쟁상황은 대상제품의 시장구조, 비용구조 등을 고려하여 경쟁상황을 평가하고, 경쟁제품과의 비교우위성은 경쟁제품의 존재 여부, 경쟁제품과의 차별화 및 원가우위를 평가한다. 시장잠재력 평가항목은 〈표 5-5〉와 같다.

시장잠재력의 추가 평가항목 및 유의사항은 〈표 5-6〉과 같다.

〈표 5-5〉 시장잠재력의 평가항목

중항목	소항목	항목설명
시장 현황 및 전망	시장규모	• 국내외에서 객관적인 조사자료를 근거로 시장규모 평가함 • 객관적인 자료가 없는 경우 유사기업의 시장점유율을 근거로 역산하여 평가할 수 있음
	시장 성장성	• 대상기술 제품(서비스)이 속한 업종에 대한 산업시장분석 보고서, 전문가 의견, 전문기관 자료 등을 활용하여 향후 시장 성장성을 평가함
시장 경쟁성	경쟁상황	• 시장구조, 비용구조 등을 고려하여 경쟁상황에 대해 종합적으로 평가
	경쟁제품과의 비교 우위성	• 경쟁제품의 존재 여부와 경쟁제품에 대한 차별화 및 원가우위 등 비교우위성 평가

출처: 산업통상자원부(2021.02), '2020 기술평가 실무가이드', 저자 재구성

시장현황 및 전망은 목표시장의 정의 및 개요, 목표시장의 규모 및 성장성, 국내외 시장의 주요 특성을 평가한다. 시장경쟁성은 목표시장의 시장구조, 법적규제, 경쟁제품과 제품/가격 등을 분석하고 경쟁력을 평가한다.

〈표 5-6〉 시장잠재력의 추가 평가항목 및 유의사항

구분	내용
시장현황 및 전망	• 목표시장의 정의 및 개요(기업이 3년내 진출 가능한 현실적 시장), 목표시장의 규모(생산현황, 수요현황, 수출입현황 등) 및 성장성, 국내외 시장의 주요 특징 평가함 • 시장성장성은 국내외 민간 및 국책 연구소, 시장조사기관 등의 향후 시장전망 자료를 활용하고, 목표시장에 대한 성장률을 추정한 후 시장성장성 평가함
시장경쟁성	• 대상기술과 관련된 시장에서 시장구조(독과점 여부, 시장내 선도적 경쟁자, 경쟁의 정도, 경쟁의 수단/기술, 영업, 브랜드 등)와 향후 경쟁전망성 평가 • 국내시장과 해외시장을 구분해 분석하지만 기업의 경쟁력이나 기술의 특성 등을 감안하여 국내시장 중심 또는 국내 및 해외를 포괄하여 분석 • 기술이나 제품관련 법적 규제나 정부 지원제도 등을 분석하고, 공인인증, 사전승인 등의 필요 여부, 관련 규제절차 충족에 소요되는 기간, 관련 비용, 인증의 통과가능성 등을 평가 • 경쟁제품과 비교우위성은 경쟁제품의 품질, 가격 등의 측면에서 대상제품의 경쟁력을 평가함 • 대상제품의 인지도, 품질, 가격 등이 구매의사에 미치는 영향에 대해서도 평가하며, 자사 제품 또는 브랜드에 대한 인지도, 고객의 충성도 등을 평가함. 산업재는 거래 지속성, 거래관계의 안정성, 신규거래처의 개발정도 등을 중심으로 평가하고 소비재/서비스는 브랜드 인지도, 고객 재구매율, 고객 노출정도를 평가함

출처: 산업통상자원부(2021.02), '2020 기술평가 실무가이드', 저자 재구성

5.2.4 사업역량 평가요인

사업역량은 중항목기준으로 사업화역량과 사업전망을 평가한다. 사업화역량은 생산능력, 생산계획의 타당성, 판매처의 다양성 및 안정성, 판매처 확보 여부를 평가한다. 사업전망은 매출전망과 이익전망, 투자회수 전망을 평가한다. 사업역량의 평가항목은 〈표 5-7〉과 같다.

〈표 5-7〉 사업역량의 평가항목

중항목	소항목	항목설명
사업화 역량	생산능력	• 생산시설, 투입인력, 재료, 부품조달 용이성 등을 고려해 평가
	생산계획의 타당성	• 생산설비 및 생산인력에 대한 계획수립 여부 및 실현가능성을 검토하여 평가
	판매처의 다양성 및 안정성	• 판매처의 다양성 여부, 지속적 거래관계 유지가능성, 판로구축계획 수립 여부 및 구체성 등을 평가
	판매처 확보 여부	• 사업(상용)화를 위한 구체적 마케팅 방향, 실현가능성 등을 평가
사업 전망	매출전망	• 대상기술 제품(서비스)의 매출액 성장성에 대한 과거자료 분석 및 미래전망을 통해 향후 어느 정도 외형적인 성장을 할 것인지를 평가함
	이익전망	• 영업활동의 최종적인 성과를 보여주는 영업이익률 분석을 통해 향후 어느 정도 수익성을 유지할 수 있을지를 평가함
	투자회수 전망	• 기업의 IPO(특례상장 등 포함)계획, M&A, 지분매각 등으로 투자자가 투자금액을 회수할 수 있는 가능성 및 회수시기 등을 평가함

출처: 산업통상자원부(2021.02), '2020 기술평가 실무가이드', 저자 재구성

사업역량의 추가 평가항목 및 유의사항은 〈표 5-8〉과 같다. 사업화역량은 대상기술의 기술사업화를 수행하기 위한 사업주체의 생산설비에 따른 생산능력, 품질관리, 원재료 조달, 자체/외주생산 방식, 판매처의 다양성과 안정성 등을 평가한다.

〈표 5-8〉 사업역량의 추가 평가항목 및 유의사항

구분	내용
사업화 역량	• 생산능력을 평가하기 위해 기업의 생산설비에 대해 현장실사를 수행하고, 기업의 주요설비를 확인함 • 생산시설 규모 등은 기업이 제출한 자료를 확인하고, 재무제표상의 투자금액도 함께 확인함 • 기업의 품질관리 역량에 대해서도 평가하고, 품질관리 조직 보유 여부와 운영 현황, 품질관리 설비 구비 여부, 실제 활용성, 품질관리의 목표 수준과 운영상황 등을 종합적으로 평가함 • 원재료 및 부품조달은 부품의 수입 및 국산 여부, 부품공급업체와의 거래관계, 원자재 가격 변동성 및 수급의 안정성 등을 종합적으로 평가 • 제품 생산방식은 자체와 외부생산 비중 간의 적정성을 평가하고 외주생산업체의 실적, 생산능력, 규모 등에 대한 자료를 확보하여 평가함 • 생산계획의 타당성은 기업의 생산설비 및 인력확보 계획을 문서로 받아서 평가하고, 문서화되어 있지 않은 경우 기업의 관련계획이 아직 수립 전이거나 구체화되지 않은 것으로 평가함 • 판매처의 다양성 및 안정성은 기업의 매출처 리스트를 통하여 평가하고, 거래금액, 거래지속기간 등이 포함되어야 함. 매출처 리스트상의 매출액 합계와 재무제표상의 매출액 합계를 서로 검토하여 일치 여부를 확인함 • 판매처 확보 여부는 기업의 매출계획에 대해 잠재 매출처 리스트 작성 여부, 기업의 마케팅 및 영업 전략 등을 종합적으로 평가함. 판매계획 및 확보 여부는 문서화된 자료가 있어야 하며, 없는 경우 평가등급을 하향함

사업 전망	• 기업의 실적이 존재하는 경우 과거 3개년 매출액 자료를 토대로 매출액 성장률을 계산하여 향후 매출전망을 위한 참고자료로 사용할 수 있음
	• 미래매출 전망은 객관적인 평가를 위해 시장성장률, 기업 제품(서비스)의 품질 및 가격 경쟁력 등을 고려하여 전망하고 근거를 제시함
	• 창업 7년 이내 기업의 경우 기저효과 등으로 매출액 성장률이 과도할 수 있다는 점을 감안하여 최대 B등급까지만 부여
	• 창업 7년 이내 기업의 경우 매출액이 크지 않아서 영업이익률이 과대/과소 계상될 수 있어 이를 감안해 최대 B등급까지만 부여
	• 이익전망은 기업의 실적이 존재하는 경우 기업의 과거 3개년 영업이익 자료를 토대로 영업이익률을 계산하여 평가
	• 투자회수 전망은 기업의 IPO(특례상장 포함), M&A, 지분매각 등을 통해 투자자가 투자금액을 회수할 수 있는 가능성 및 회수시기를 판단하는 것으로 아래 사항을 참조해 판단함
	  - 기업의 상장계획 검토: 관련문서(계약서 등), 증권회사 IPO 관련 부서 면담일지 등
	  - 특례상장 적합성 검토: 특례상장 계획 시 기업의 보유기술, 수익모델 등이 특례상장에 적합한지 등을 특례상장 관련 기준, 평가모형 등을 토대로 검토
	  - 일반상장 가능성 검토: 일반상장 계획 시, 매출액 및 영업이익이 최근 유사일반기업 상장 시의 매출액 및 영업이익 수준 대비 어느 정도인지를 평가
	  - M&A 가능성 검토: 기업이 M&A 등을 추진시에는 추진 중인 M&A 등과 관련한 기업의 계획, 관련 문서 등을 검토
	  - 전환사채, 신주인수권부사채 등 주식연계채권 투자를 하는 경우, 채권의 만기 도래에 따른 상환은 투자 목적상 적정한 회수방안이 아니므로 검토대상 제외

출처: 산업통상자원부(2021.02), '2020 기술평가 실무가이드', 저자 재구성

   사업전망에서 기술사업화를 통한 매출전망과 이익전망은 실적이 있는 기업은 과거 3개년 실적과 시장 성장률 등의 객관적인 자료를 통해 전망하고, 창업 7년 이내 기업은 향후 성장성에 기저효

과가 있을 수 있으므로 최대 B등급까지 부여한다. 투자회수 전망은 신청기업의 상장계획, M&A 관련자료, 특례상장의 적합성을 검토하여 종합적으로 평가한다.

5.3 기술력평가의 평가기준 및 평가지표

5.3.1 평가항목의 평가등급과 점수

평가지표의 평가등급은 A, B, C, D, E의 5개 등급으로 평가하고 등급내에서 상대적으로 우수한 경우 +0.5점을 추가하고 열위한 경우 -0.5점을 차감한다. 예를 들어 C등급이지만 등급내에서 상대적으로 우수하다고 평가되면 C+(3.5점) 부여할 수 있다. 평가항목인 경영역량, 기술역량, 시장잠재력, 사업역량에 대해 소분류기준 평가지표의 정량적 평가를 통해 평가점수와 평가등급을 산출한다. 평가지표의 등급과 등급별 점수는 〈표 5-9〉와 같다.

〈표 5-9〉 평가지표의 등급과 등급별 점수

A등급	B등급		C등급		D등급		E등급	
A	B+	B	C+	C	D+	D	E+	E
5.0	4.5	4.0	3.5	3.0	2.5	2.0	1.5	1.0

출처: 산업통상자원부(2021.02), '2020 기술평가 실무가이드'

5.3.2 경영역량 평가지표

경영역량의 평가대상은 경영주, 경영진, 기업이다. 평가지표는 소분류기준으로 기업가정신, 경영주의 신뢰성, 기술경험수준, 기술지식수준, 경영진의 기술경영수준, 기술지식수준, 경영관리능력, 투자관리능력의 8개 지표를 평가한다. 경영역량의 평가지표는 〈표 5-10〉과 같다.

〈표 5-10〉 경영역량의 평가지표

구분	평가지표	평가대상
기업가정신	성취욕구, 결단력, 위험감수성 등 경영주가 사업수행을 위하여 갖추어야 하는 기업가정신을 다음과 같은 검토항목을 통해 평가하고, 개별 검토항목에 대한 근거가 충분한 경우를 의미 [검토방법] ① 성취욕구: 명확한 목표가 수립되어 있고, 달성하기 위한 방법이 구체적이다. ② 결단력: 의사결정능력과 결단력이 있다. ③ 위험감수성: 새로운 분야에 대해 적극적으로 행동하고, 실행의지가 강하다. ④ 창의력. 고정관념에서 벗어나 다양하게 사고하며 창의적이다. ⑤ 자신감: 자신의 능력에 대한 확신이 강하며 긍정적 사고와 태도를 보유하고 있다. | A등급	B등급	C등급	D등급	E등급 | |---|---|---|---|---| | 5개 항목 충족 | 4개 항목 충족 | 3개항목 충족 | 2개 항목 충족 | 1개 항목 충족 |	경영주

구분	내용	평가대상
경영주 신뢰성	경영자에 대한 대내외적인 평판과 기업경영의 투명성 등을 다음과 같은 검토항목을 통해 평가하고, 개별 검토항목의 '충족' 여부를 정성적으로 판단 [검토방법] ① 대내적 신뢰: 최근 1년 이내 임금을 체불한 사례 또는 납품처 등과의 거래조건을 불이행한 사례가 없다. ② 대외적 신뢰: 경영주의 대외활동 네트워크 구축, 평판 등이 양호하며, 장기적 신뢰관계를 형성하고 있었다. ③ 사회기여도: 사회봉사 관련 포상, 수익의 사회적 목적의 재투자 등 기업이 사회적 책임에 관한 활동을 수행한 경험이 있다. ④ 인적투명성: 비상근 임직원에게 급여가 지급된 사례가 없다. ⑤ 자산투명성: 주주임원종업원 대여금(가지급금 포함) 또는 주주임원종업원 차입금(가수금 포함)이 당기 대차대조표상 총자산의 3% 미만이다. {A등급: 5개 항목 충족 / B등급: 4개 항목 충족 / C등급: 3개항목 충족 / D등급: 2개 항목 충족 / E등급: 1개 항목 충족}	경영주
기술 경험 수준	경영자의 동업종 근무경력을 통해 평가한다. 다만 대상기업의 업종과 동일한 사업분야에 종사했을 경우에 이를 동업종 경험으로 인정할 수 있다. 융합기술의 개별기술("국가과학기술분류체계"상 중분류기술) 중 어느 하나의 개별기술에 관련된 종사경험도 동업종경험으로 인정할 수 있다. [검토방법] - 경영주의 동업종 경험수준 업종에 대한 경험을 의미한다. - 동업종은 한국표준산업분류에 의한 중분류 이하의 업종과 동일한 경우에 한해 인정한다. - 경력증명서, 법인등기부등본, 경영주(실제 경영자)면담 등을 통해 확인 - 평가표에 입력된 "동업종입사연월"을 기준으로 평가 - 단서사항 인정 시 기술평가서에 근거를 반드시 기재	경영주

	- 등급별 동일점수를 부여하지 않고, 점수산출식에 따라 계량점수 부여 * 점수산출식: 5점×("근무경력 개월 수"/"업종별 최고경력개월 수") 근무경력 개월 수가 업종별 최고경력개월 수 이상자는 5점 부여					
	A등급	B등급	C등급	D등급	E등급	
	근무경력 24년 이상	근무경력 18년 이상	근무경력 12년 이상	근무경력 6년 이상	근무경력 6년 미만	
기술 지식 수준	경영주의 전공분야, 취득학위 및 자격증 등을 "기술지식수준 판단표"3)가 정한 기준에 따라 평가한다.					경영주
	A등급	B등급	C등급	D등급	E등급	
	특급 기술자	고급 기술자	중급 기술자	초급 기술자	기 타	
기술 경영 수준	경영주를 제외한 경영진(관리, 기획, 재무, 기술(디자인), 마케팅 등 담당 핵심인력)의 동업종 근무경력을 경영주의 기술경험수준과 동일한 방식으로 평가한다 [검토방법] - 경영진의 기준은 실질적인 상근인력을 기준으로 한다(비상근 이사, 비상근 감사 제외). - 기업의 조직도, 이력서 등으로 파악한다. - 경영진은 관리, 기획, 재무, 기술, 마케팅 분야 등 조직 내 총괄 책임자 급을 의미하며, 이사, 상무 등의 직함 사용 여부와는 무관하다.					경영진
	A등급	B등급	C등급	D등급	E등급	
	근무경력 12년 이상 경영진 3명 이상	근무경력 12년 이상 경영진 2명 이상	근무경력 12년 이상 경영진 1명 이상	근무경력 8년 이상 경영진 1명 이상	기타	

---

3) 기술지식수준 판단표는 부록 참조

기술 지식 수준	경영주를 제외한 경영진(관리, 기획, 재무, 기술(디자인), 마케팅 등 담당 핵심인력)의 전공, 경력(담당직무 경험, 수행실적 등)을 종합적으로 검토하여 평가한다. [검토방법] - 경영진의 기준은 실질적인 상근인력을 기준으로 한다(비상근 이사, 비상근 감사 제외). - 기업의 조직도, 이력서 등으로 파악한다. - 경영진은 관리, 기획, 재무, 기술, 마케팅 분야 등 조직 내 총괄 책임자급을 의미하며, 이사, 상무 등의 직함 사용 여부와는 무관 - 전문지식수준은 "기술지식수준 판단표"를 준용한다. 	A등급	B등급	C등급	D등급	E등급
중급 이상 경영진 3명 이상	중급 이상 경영진 2명 이상	중급 이상 경영진 1명 이상	초급 이상 경영진 1명 이상	기타		경영진
---	---	---
경영 관리 능력	경영주가 기술사업화를 추진하는 데 필수적인 기술사업화 관리 능력과 의지를 평가한다. 기술경영관점에서 기술의 확보 및 보유, 성과관리, 조직관리, 분쟁관리, 정보관리를 확인하고, 개별 검토항목의 '충족' 여부를 정성적으로 판단한다. [검토항목] ① 기술확보: 제품화를 위한 핵심기술 개발 및 확보계획을 구체적으로 수립, 추진하고 있다. 기술/제품 로드맵, outsourcing 전략, 신제품별 세부 개발계획 등을 수립하고 있으며, 단기계획 보다는 중장기 경영전략에 따라 세부 R&BD 계획 및 전략을 수립하고 있다 ② 기술보유: 보유기술의 경쟁력, 비용구조, 이익창출 등에 대한 정보를 주기적으로 평가하고, 특히 보유 여부를 관리한다. ③ 기술성과: 기술창출에 대한 성과연동 보상제도를 규정화하고, 개발인력의 기술창출에 동기를 부여하고 있다. ④ 기술활용: 보유기술의 적용가능 제품 및 서비스에 대한 시장환경 분석과 시장니즈 분석을 통해 미래 사업화 전략에 활용하고	기업

	있다. ⑤ 기술조직: 기술조직이 경영계획 및 기술사업화 등 전략적 의사결정에 활발하게 참여하고 있다. ⑥ 기술분쟁: 기술 분쟁 및 피소를 대비한 대응전략을 수집하고, 위험을 최소화하기 위한 분쟁 관리체계가 수립되어 있다. ⑦ 기술정보: 기술동향 및 시장변화 등을 주기적으로 분석하고, 그 결과를 기술개발에 반영한다.	

A등급	B등급	C등급	D등급	E등급
6개 항목 이상 충족	5개 항목 충족	4개 항목 충족	3개 항목 충족	2개 항목 이하 충족

| 투자
관리
능력 | 경영주가 기술사업화를 추진하는 데 필수적인 자금조달 및 운용과 관련된 권리범위가 사업화하고자 하는 지역에 적절히 출원/등록되어 있는지, 청구항이 보호하고자 하는 권리범위를 적절히 포함하고 있는지, 타인에 의한 회피기술 출현 가능성이 어느 정도인지 등을 평가하고, 개별 검토항목마다 '충족' 여부를 정성적으로 판단한다.

[검토항목]
① 자본적 지출규모 산정: 향후 3년 동안의 기업의 자본적 지출 계획이 적정하게 수립되어 있다.
② 운전자본 규모 산정: 향후 3년 동안의 기업 운전자본 계획이 적정하게 수립되어 있다.
③ 경상비용 규모 산정: 향후 3년 동안의 매출액 증가, 기술인력 등 인력 증가 등을 토대로 경상비용 소요액의 규모가 적정하게 산출되어 있다.
④ 내부창출 자금규모 산정: 향후 3년 동안의 영업이익 또는 영업현금흐름 등을 토대로 창출할 수 있는 자금규모가 적정하게 산출되어 있다.
⑤ 외부조달 자금규모 산정: 향후 3년 동안의 외부투자유치, 외부차입(신용, 담보, 보증부 등) 등을 토대로 창출할 수 있는 자금조달 규모가 적정하게 산출되어 있다.
⑥ 자금상환 계획: 외부 차입금의 만기도래, 주식연계채권(전환사 | 기업 |

채, 신주인수권부사채 등) 발행액 등의 (조기) 상환 요구 등에 대비한 자금관리 계획이 적정하게 수립되어 있다.
ⓖ 투자규모의 적정성: 기업의 기 자본적 지출(설비투자 등) 규모가 기업의 자금조달 능력, 기술개발실적, 기 매출액 및 매출전망 등을 감안할 때 적정한 수준이다.

A등급	B등급	C등급	D등급	E등급
6개 항목 이상 충족	5개 항목 충족	4개 항목 충족	3개 항목 충족	2개 항목 이하 충족

출처: 산업통상자원부(2021.02), '2020 기술평가 실무가이드'

5.3.3 기술역량 평가지표

기술역량의 평가대상은 기업, 기술, 기술(지식재산)이다. 평가지표는 소분류기준으로 기술개발 인력, 기술개발 투자실적, 기술의 차별성, 기술의 혁신성, 기술의 완성도, 모방난이도, 권리안정성, 권리행사제한가능성, 지식재산활용도의 9개 지표를 평가한다. 기술역량의 평가지표는 〈표 5-11〉과 같다.

〈표 5-11〉 기술역량의 평가지표

구분	평가지표	평가대상
기술개발인력	평가기준일 현재 기술개발인력(기술지식수준 판단표 준용)을 파악하여 특급기술자 5점, 고급기술자 4점, 중급기술자 3점, 초급기술자 2점, 기타 기술자 1점을 부여하여 평가한다.	기업

[검토방법]
- 대표이사는 제외한다
- 기술인력이란 연구개발인력뿐만 아니라 생산기술인력(공정기술, 품질관리 등)도 포함한다.
- 기술인력은 실질적 상주기술인력으로 검토하며, 외주개발의 기술인력은 사내인력만을 인정한다.
- 등급별 동일점수를 부여하지 않고, 점수산출식에 따라 계량점수를 부여한다.
* 이 경우 공동개발 계약서, 기술인력 참여 현황 등을 고려하여 평가하고, 관련 내용을 평가근거로 작성한다.

구분	A등급	B등급	C등급	D등급	E등급
일반기업	25점 이상	19점 이상	12점 이상	6점 이상	6점 미만
창업기업	18점 이상	13점 이상	9점 이상	5점 이상	5점 미만

기술개발투자실적

기술개발실적과 지식재산권 보유현황에 대한 점수를 표에 따라 평가한 후, 연구개발투자비율에 따라 한 등급 상하향 조정한다.

[검토방법 1]
- 5점 부여 인증 및 수상: IR52장영실상, 10대신기술상, NET, NEP, 교통신기술, 녹색기술 인증
- 기술개발실적은 기존 기술과 차별화된 다른 기술을 활용해 시제품 제작을 완료한 경우를 의미
- 기술상용화실적은 기술개발을 기반으로 시장에 출시하여 매출이 발생한 경우를 말한다(기술상용화에 포함된 실적은 기술개발실적으로 중복인정하지 않는다).
- 공동개발, 정부의 R&D 개발("성공판정시")은 기술개발실적으로 인정하나, 외주개발실적은 인정하지 않는다.
- 특허와 실용신안을 동시에 출원한 경우 특허만 인정한다.
- 국내 특허출원이 아닌 PCT 출원인 경우 출원중인 특허로 인증한다.
- 정식계약(지식재산권 매입, 전용실시권 획득 등)에 의해 취득한 것도 지식재산권으로 인정한다.
- 바이오 업종 등의 경우 품종보호권(품종보호권 등록증 확인분

에 한함)을 인정할 수 있다.
- 동일기술에 대한 국내외 특허가 여러 건인 경우 1건으로 계산한다.
- 유사한 프로그램을 복수 또는 다수 등록한 경우에는 1건으로 인정한다(예시, 동일프로그램의 버전 업은 1건으로 인정).
- 개별평가항목별 점수기준은 아래와 같으며 각 값을 합산한 후 등급을 평가한다.

기술개발 및 수상		지식재산권 보유 현황			
기술상용화 실적	건당 8점	특허등록	건당 7점	실용신안 등록	건당 3점
기술개발 실적	건당 4점	특허출원	건당 2점	실용신안 출원	건당 1점
5점 인정 수상실적	건당 5점	등록 디자인	건당 2점	프로그램	건당 2점
기타 수상실적	건당 2점	등록 상표권	건당 1점	품종 보호권	건당 7점
인증실적	건당 1점	기타 지식 재산권	건당 1점		

구분	A등급	B등급	C등급	D등급	E등급
일반기업	70점 이상	55점 이상	40점 이상	20점 이상	20점 미만
창업기업	40점 이상	30점 이상	20점 이상	10점 이상	10점 미만

[검토방법 2]
- 검토방법 1에 따라 부여된 등급을 기준으로, 연구개발투자비율(최근 3년 평균)이 업종평균의 2배 이상이면, 한 등급 상향, 업종평균의 1/2 미만이면 한 등급 하향한다.
- 업종평균은 기업이 속한 업종의 한국은행 평균, NTB 평균, 기술평가기관 자체통계가 있는 경우 자체 통계상의 최근 3년 평균을 적용한다.

기술의 차별성 (사업화 이후 기업 및 일반 기업에 적용)	대상 기업이 보유하고 있는 기술을 기존 기술과 비교하여 차별성 및 신기술 분야 개척 가능성 등을 통해 평가한다.					기술
	A등급	B등급	C등급	D등급	E등급	
	기존 기술 대비 차별성이 매우 높아 새로운 분야의 개척이 가능함	기존 기술 대비 차별성이 매우 높아 응용분야에서 유용성이 보통임	기존 기술 대비 차별성이 높으나, 응용분야에서의 유용성이 보통임	기존 기술과 유사하고, 응용분야에서의 유용성이 낮음	기존 기술 대비 차별성이 낮거나 없음	
기술의 혁신성 (사업화 이전 기업에만 적용)	사업계획 중인 기술의 완성도, 차별성 및 신기술 분야 개척 가능성 등을 고려하여 평가한다. [검토항목] ① 완성도: 대상기술이 구체적이고 완성도가 높다. ② 지속가능성: 지속적인 기술의 업그레이드가 가능하다. ③ 확장성: 타제품 또는 타산업으로 확장성이 있다. ④ 차별성: 기존 기술(BM, 디자인) 대비 차별성이 있다. ⑤ 고객지향: 고객 또는 시장 니즈를 충족시키는 기술이다.					기술
	A등급	B등급	C등급	D등급	E등급	
	4개 항목 이상	3개 항목	2개 항목	1개 항목	해당 없음	
기술의 완성도	대상기술의 기술개발 진척도를 통해 평가한다. 즉 단순한 아이디어 단계에서부터 제품화 또는 상업화가 가능한 단계에 이르기까지 기술개발의 단계를 평가한다. [검토방법] - 시제품 제작: 사업아이디어가 연구개발을 통해 시제품이 완성된 단계 - 제품화 완료: 양산화 전단계로 시제품이 좀 더 구체화되어 양산					기술

형태가 완성된 단계
- 양산준비단계: 완성된 양산 시제품을 대상으로 마케팅전략 수립, 생산설비 확보, 양산을 위한 기술적 문제가 모두 해결되고, 잠재적 매출처를 확보하였거나, 확보 중인 단계(계약서, 인수의 향서(LOI) 또는 양해각서(MOU) 등을 감안)

A등급	B등급	C등급	D등급	E등급
양산 준비단계 이상	제품화 완료 단계	시제품 제작 완료 단계	연구·개발 단계	아이디어 단계

모방 난이도	대상기술의 사업화를 위한 기술개발에 소요되는 비용, 기간, 지식재산권 등록, 사업에 미치는 영향으로 모방의 난이도를 평가하고, 개별 검토항목마다 '충족' 여부를 정성적으로 판단한다. [검토항목] ① 기술개발시 개발비가 많이 요구된다.[4)] ② 기술개발시 소요되는 기간이 길다. ③ 지식재산권(특허, 실용신안, 상표, 디자인 등)으로 등록(출원제외)되어 있다. ④ 리버스엔지니어링[5)]으로 모방하기 어려운 기술이다. ⑤ 모방되더라도 사업이익이 크게 침해받지 않는다. | A등급	B등급	C등급	D등급	E등급 | | --- | --- | --- | --- | --- | | 5개 항목 충족 | 4개 항목 충족 | 3개 항목 충족 | 2개 항목 충족 | 1개 항목 충족 |	기술

---

4) 기술개발시 소요되는 개발비 및 기간은 기술분야에 따라 다른 기준을 적용하여 판단한다(예: 모바일게임은 온라인게임에 비해 개발 기간이 짧고 소요되는 개발비가 적음).
5) 리버스엔지니어링(Reverse Engineering)이란 이미 만들어진 제품을 역으로 추적하여 처음의 설계기법 등의 자료를 얻어내는 것을 말하여 리버스엔지니어링이 용이할수록 모방이 쉽다.

권리 안정성	등록된 권리들이 무효화되지 않고 안정적으로 유지될 가능성(무효심판 제기가능성, 선행기술조사결과 등을 고려)을 평가한다. 유사특허 권리가 다수 존재할 경우 이들 권리 간의 차별적 속성을 비교하여 권리의 안정성을 평가한다. 출원 중인 특허만을 보유하고 있는 경우에는 최대 3점을 부여할 수 있다.					기술 (지식 재산)
	A등급	B등급	C등급	D등급	E등급	
	유사한 선행특허 기술이 없거나, 있다고 해도 권리의 무효화 가능성이 매우 낮음	유사한 선행특허 기술이 소수 존재하나, 권리의 무효화 가능성 낮음	유사한 선행특허 기술이 다수 존재하며, 권리가 제한될 가능성이 존재함	유사한 선행특허 기술이 다수 존재하며, 핵심 권리의 안정적 유지가 불확실함	동일한 선행특허 기술이 있기 때문에 권리가 무효화될 가능성이 매우 높음	

출처: 산업통상자원부(2021.02), '2020 기술평가 실무가이드'

5.3.4 시장잠재력 평가지표

시장잠재력의 평가대상은 시장과 제품/서비스이다. 평가지표는 소분류기준으로 시장규모, 시장성장성, 시장경쟁구조, 경쟁제품과의 비교우위성의 4개 지표를 평가한다. 시상삼새력의 평가지표는 〈표 5-12〉와 같다.

〈표 5-12〉 시장잠재력의 평가지표

구분	평가지표					평가대상
시장규모	국내외에서의 객관적인 조사자료를 근거로 시장규모를 평가한다. 객관적인 자료가 없는 경우 유사기업의 시장점유율을 근거로 역산하여 평가할 수 있다. [검토방법] - 시장은 대상기술 제품(서비스)과 경쟁관계에 있는 제품(서비스)의 시장규모로 정의한다 - 신규시장을 개척하는 경우에 잠재수요(향후 3년 평균)를 감안한 시장규모를 고려한다.					시장
	A등급	B등급	C등급	D등급	E등급	
	대상제품의 시장규모가 매우 큼	대상제품의 시장규모가 큼	대상제품의 시장규모가 보통임	대상제품의 시장규모가 작음	대상제품의 시장규모가 매우 작음	
시장성장성	대상기술 제품(서비스)이 속한 업종에 대한 산업시장분석 보고서, 전문가 의견, 전문기관 자료 등을 활용하여 향후 시장성장성을 평가한다. [검토방법] - 평가 기준일 이후 3~5년 동안의 시장성장성에 대해 협회, 국내외 민간 시장조사기관 및 국책연구소 등의 시장분석보고서 등을 참조하여 평가한다.					시장
	A등급	B등급	C등급	D등급	E등급	
	향후 높은 수준의 성장성을 보일 것으로 전망됨 (매우 우수)	향후에도 지속적으로 성장이 지속될 것으로 전망됨 (양호)	향후 평균 경제성장률 수준으로 성장할 것으로 전망됨 (보통)	향후 성장 가능성이 높지 않음 (불확실)	시장성장이 정체되어 있으며, 향후 성장 가능성도 매우 낮음 (마이너스 성장 확실)	

시장경쟁구조	시장구조, 비용구조 등을 고려하여 경쟁상황에 대해 종합적으로 평가하고, 개별 검토항목마다 '충족' 여부를 정성적으로 판단한다. [검토항목] ① 집중도: 대상기업을 포함한 다수의 경쟁자가 적절하게 시장을 분할하고 있고, 시장참여가 가능하다. ② 차별화: 목표시장에 참여하고 있는 기업들이 소비자에게 차별화된 제품을 제공하여 업체간의 과다경쟁이 발생할 가능성이 낮다. ③ 비용구조: 고정비의 비중이 적어 경기변동에도 안정적인 수익성을 유지할 수 있다. ④ 초기시장: 시장형성 초기단계로 시장을 주도하는 대표기업이나 대표제품이 존재하고 있지 않다. ⑤ 규제 및 지원: 규제 및 지원요인 등에 의해 시장의 경쟁이 크게 영향을 받을 수 있는 상태이다. 	A등급	B등급	C등급	D등급	E등급
4개 이상 항목 충족	3개 이상 항목 충족	2개 항목 충족	1개 항목 충족	해당사항 없음		시장
---	---	---
경쟁제품과의 비교우위성	경쟁제품의 존재 여부와 경쟁제품에 대한 차별화 및 원가우위 등 비교우위성을 평가한다. [검토항목] ① 경쟁제품이 소수이다. ② 경쟁제품에 비해 상대적으로 가격경쟁력이 있다(×2점). ③ 경쟁제품에 비해 상대적으로 품질경쟁력이 있다(×2점). ④ 구매자의 자사 제품으로의 교체의사가 잠재적으로 존재한다. ⑤ 자사 제품으로 교체하는 데 있어 비용에 대한 제약이 거의 없다. 	A등급	B등급	C등급	D등급	E등급
6점 이상	5점	4점	3점	2점 이하		제품/서비스

출처: 산업통상자원부(2021.02), '2020 기술평가 실무가이드'

5.3.5 사업역량 평가지표

사업역량의 평가대상은 기업이다. 평가지표는 소분류기준으로 생산능력(생산계획의 타당성), 판매처의 다양성 및 안정성(판매처 확보여부), 매출전망, 이익전망, 투자회수 전망을 평가하고 사업화이전(창업기업 1)과 사업화이후(창업기업 2, 일반기업)에 적용되는 중복지표 2개를 제외하면 5개 지표를 평가한다.[6] 사업역량의 평가지표는 〈표 5-13〉과 같다.

〈표 5-13〉 사업역량의 평가지표

구분	평가지표	평가대상
생산능력 (사업화이후 기업 및 일반기업에 적용)	생산시설이나 투입인력 그리고 재료와 부품조달용이성 등을 고려하여 평가하고, 개별 검토항목마다 '충족' 여부를 정성적으로 판단한다. 〈자체생산인 경우〉 [검토방법] ① 생산시설 규모: 현재 생산시설로 예상수요를 충분히 생산할 수 있다. ② 생산시설 수준: 현재 생산시설 수준이 양호하여 기업 경쟁력에 도움이 된다. ③ 생산인력 수급: 생산시설을 가동하기 위한 인력수급이 양호하다. ④ 생산인력 수준: 생산인력의 교육수준과 경험수준이 높아 생산성 향상에 도움이 된다.	기업

---

6) 사업역량의 평가지표는 사업화이전/사업화이후의 중복지표 2개 제외함

⑤ 원재료/부품의 수급: 원재료나 부품 수급이 용이하다.
⑥ 원재료/부품의 수급 경쟁력: 경쟁업체에 비하여 우월한 입장에서 원재료나 부품을 조달할 수 있다.

〈외주인 경우〉
생산시설을 구비하지 않고 영업을 하고 있거나 OEM 방식으로 생산하는 경우에는 외부업체와 대상기업과의 관계, 외부업체의 경쟁력을 중심으로 평가한다. 단 외주인 경우에는 최고등급을 부여하지 않는다.

[검토항목]
① 외주업체와의 관계: 장기공급계약, 투자관계 등 장기적인 동반관계 유지가 가능하다.
② 외주업체의 경쟁력: 외주업체의 역량(품질, 가격, 인지도 등)이 해당기업의 경쟁력에 긍정적인 영향을 미친다
③ 외주업체의 규모: 외주업체가 상장기업이거나 등록기업 혹은 외부 감사대상 기업이다.

구분	A등급	B등급	C등급	D등급	E등급
자체생산	5개 이상 항목 충족	4개 항목 충족	3개 항목 충족	2개 항목 충족	1개 항목 이하
외주생산	비부여 등급	3개 항목 충족	2개 항목 충족	1개 항목 충족	해당 항목 없음

생산계획의 타당성 (사업화 이전 기업에만 적용)	생산설비 및 생산인력에 대한 계획수립 여부 및 실현가능성을 검토하여 평가한다. • 생산설비 및 생산인력에 대한 구체적 계획을 바탕으로 검토한다. • 기존제품(원가절감 등)이 아닌 신규기술에 대한 생산계획일 경우 적용한다. • 외주생산의 경우 "납기에 맞추어 생산할 수 있는가"를 평가하기 위한 것이므로 기존 외주가공업체와의 거래조건, 거래기간 등을 감안하여 평가한다(단, 계약서 내용 확인필).	기업

	A등급	B등급	C등급	D등급	E등급	
	생산설비 및 생산인력에 대한 계획이 구체적이고 실현가능성이 매우 높음	생산설비 및 생산인력에 대한 계획이 구체적이고 실현가능성이 양호함	생산설비 및 생산인력에 대한 기본계획이 수립되어 있고, 실현가능성이 보통임	생산설비 및 생산인력에 대한 기본계획이 수립되어 있으나, 실현가능성이 낮음	생산설비 및 생산인력에 대한 계획이 구체화되지 않음	
판매처의 다양성 및 안정성 (사업화 이후 기업 및 일반기업에 적용)	판매처의 다양성 여부, 지속적인 거래관계 유지가능성, 판로구축계획 수립 여부 및 구체성 등을 평가한다.					
	A등급	B등급	C등급	D등급	E등급	기업
	판매처가 다양할 뿐만 아니라 오랜 기간 거래관계를 유지하면서 향후 지속적인 거래를 유지할 가능성이 큼	판매처가 다양하나 기확보한 판매처가 일부 제한적이고, 유동적이어서 추가적인 판매처를 확보 중임	신규 판매처를 확보 중이며, 판매처 구축에 관한 실현가능한 계획이 수립되어 있고, 계획이 일부 진행 중임	신규 판매처를 확보 중이나 판매처 구축에 관한 계획의 실현 가능성이 낮음	판매처 확보에 어려움이 예상되고, 판로구축에 관한 구체적인 계획 수립이 미흡함	
판매처 확보 여부 (사업화 이전 기업에만 적용)	사업(상용)화를 위한 구체적인 마케팅 방향 및 실현 가능성 등을 평가하고, 개별 항목마다 '충족' 여부를 정성적으로 판단한다. [검토항목] ① 경쟁업체(유사업체)에 대한 체계적인 분석 자료를 확보하고 있다.					기업

	② 목표시장(고객) 설정이 명확하고, 마케팅전략이 목표시장과 일치한다. ③ 구체적인 마케팅전략을 수립하고 있으며, 실현가능성이 있다. ④ 고객의 니즈를 충족하고 있으며, 객관적인 구매의사 등을 확인할 수 있다.	

A등급	B등급	C등급	D등급	E등급
4개 항목 충족	3개 항목 충족	2개 항목 충족	1개 항목 충족	해당 사항 없음

| 매출 전망 | 대상기술 제품(서비스)의 매출액 성장성에 대한 과거자료 분석 및 미래전망을 통해 향후 어느 정도 외형적인 성장을 할 것인지를 평가한다.

[검토방법]
연도별 매출액 증가율 = (당기매출액 − 전기매출액)/전기매출액 ×100
- 과거 매출액이 있는 경우: 과거 매출액 증가율을 참조하여 향후 매출성장성을 평가한다.
- 과거 매출액이 없는 경우: 산업 및 시장의 성장성, 유사사업의 성장성, 기술의 유용성 및 경쟁성 분석을 통한 대상제품의 차별성 등을 파악하여, 미래의 매출성장성을 평가한다. 단, 창업 7년 이내 기업의 경우 사업화 실적(매출)이 있더라도, B등급까지만 부여할 수 있다.
※ 기업의 과거 매출액 성장률은 감사보고서, 재무제표 등 기초자료를 통하여 산출함.
※ 산업평균 매출액성장률은 한국은행 기업경영분석, NTB 재무자료, 기술평가기관 자체 통계가 있는 경우 자체 평균 등을 활용함.
※ 업종 최근 자료(3개년 매출액으로 산정한 2개년 평균)를 업종 평균으로 함. | 기업 |

A등급	B등급	C등급	D등급	E등급
매출액 증가율 전망치가 해당산업 평균보다 3배 이상 큼	매출액 증가율 전망치가 해당산업 평균보다 2배 이상 큼	매출액 증가율 전망치가 해당산업 평균 대비 1배 이상임	매출액 증가율 전망치가 해당산업 평균보다 낮으나, 향후 3년 이내에 개선 가능성이 있음	매출액 증가율 전망치가 해당산업 평균보다 낮고, 향후 3년 이내에 개선 가능성이 없음

이익 전망	영업활동의 최종적인 성과를 보여주는 영업이익률 분석을 통해 향후 어느 정도 수익성을 유지할 수 있을지를 평가한다. [검토방법] ※ 매출액 영업이익률 = 당기영업이익/당기매출액×100 ※ 과거 매출액이 있는 경우: 과거 영업이익률을 참조하여 향후 이익전망을 평가한다. ※ 과거 매출액이 없는 경우: 산업 및 시장의 경쟁상황, 기술 및 제품의 경쟁력을 토대로 미래의 매출영업이익률을 평가한다. 단, 창업 7년 이내 기업의 경우 사업화 실적(매출 및 영업이익)이 있더라도, B등급까지만 부여할 수 있다. ※ 과거 영업이익률은 감사보고서, 재무제표 등 기초자료를 통하여 산출함. ※ 산업평균 영업이익률은 한국은행, 기업경영분석, NTB 재무자료, 기술평가기관 자체 통계가 있는 경우 자체 평균 등을 활용함. ※ 최근 자료(최근 3개년 영업이익률 평균)를 업종 평균으로 사용함.	기업

	A등급	B등급	C등급	D등급	E등급
	영업이익률이 해당 산업 평균보다 1.5배 이상 높음	영업이익률이 해당산업 평균보다 1.2배 이상 높음	영업이익률이 해당산업 평균보다 0.8배 이상임	영업이익률이 해당산업 평균의 0.8배 이하이나 향후 개선의 여지가 있음	영업이익 측면에서 볼 때 수익성 개선의 여지가 없음

투자회수전망	기업의 IPO(특례상장 등 포함), M&A, 지분매각 등을 통해 투자자가 투자금액을 회수할 수 있는 가능성 및 회수시기 등을 평가한다. [검토방법] - 기업의 상장계획을 문서(계약서, 의향성 등), 증권회사 IPO 관련 부서 면담일지 등을 토대로 검토한다. - 기업의 보유기술, 수익모델, 업종 등이 특례상장에 적합한지 여부를 특례상장 관련 기준, 평가모형 등을 토대로 검토한다. - 대상기업이 일반상장을 계획 중인 경우, 기업의 매출액 및 영업이익을 최근 유사업종 일반상장기업의 매출액 및 영업이익 수준과 비교하여 IPO 가능성을 검토한다. - 전환사채, 신주인수권부사채 등 주식연계채권 투자를 하는 경우, 채권의 만기 도래에 따른 상환은 투자목적상 적정한 회수방안이 아니므로 검토 대상에서 제외한다.	기업

A등급	B등급	C등급	D등급	E등급
4년 이내 회수 가능성 높음	5년 이내 회수 가능성 높음	6년 이내 회수 가능성 높음	7년 이내 회수 가능성 유동적임	7년 이내 회수 가능성 거의 없음

출처: 산업통상자원부(2021.02), '2020 기술평가 실무가이드'

제6장

기술력평가 사례: ㈜덴탈임플란트

6.1 사례기업 개요

6.2 기술력평가 종합

6.3 경영역량 평가지표 등급

6.4 기술역량 평가지표 등급

6.5 시장잠재력 평가지표 등급

6.6 사업역량 평가지표 등급

6.1 사례기업 개요

사업주체는 치아용 임플란트 제조·판매를 목적으로 2020년 11월에 창업주 김유신에 의해 설립된 창업기업이다. 대표이사 김유신은 국내 K대학에서 치의학 박사학위를 받았으며 치과의원을 10여년 동안 운영한 치의학 분야의 전문가이다. 사업주체는 기술사업화를 위해 VC 자금조달을 위해 투자용 기술력평가를 신청하였다.[1]

〈표 6-1〉 사업주체 현황 및 주요 연혁

	기업체명	㈜덴탈임플란트	대표자	김유신
주요현황	Homepage	없음	설립일	2020년 11월 15일
	주요제품	치아용 임플란트	상시 근로자수	10명
	주 업종	정형 외과용 및 신체 보정용 기기 제조업(C27192)		
	주소	인천시 남동구 남동공단 000길 00번지		
	매출액(2021)	50백만원	납입자본금(2021)	100백만원
연혁	연도/월	연혁 (설립, 증자, 대표자/상호/업종 변경, 공장신축, 이전 등)		
	2020.11	법인설립		
	2021.10	기업부설연구소 설립		

출처: 표준미동(2023), '스타트업을 위한 기술금융과 기술가치평가', 샘앤북스

사업주체는 기술제품인 하이브리드 치아용 임플란트 제품을 OEM 방식으로 협력업체에서 생산하고 제품 설계 및 품질 점검은 자체

---

[1] 사례기업은 가상의 기업으로 저자의 저서인 '스타트업을 위한 기술금융과 기술가치평가(2023), 샘앤북스'에서 재인용함.

적으로 수행한다. 사업주체는 기술제품을 외주 생산하고 있지만 해당 협력사는 GMP 인증과 클린룸 제조설비를 갖춘 기업으로 연간 생산 Capacity는 500억원 수준이다. 사업주체는 창업기업으로 상근 임직원은 대표이사를 포함해 10명 수준이지만 제품설계, 영업활동 및 품질관리 등의 조직을 보유하고 있다. 2021년 기업부설연구소를 설립하고 2022년 벤처기업 인증을 취득하였다.

〈표 6-2〉 사업주체의 주요 인증

인증내용	인증기관	인증일
기업부설연구소	한국산업기술진흥협회	2021.10.11
벤처기업확인서	벤처기업확인기관	2022.04.20

대상기술과 관련된 지식재산권은 하이브리드 임플란트 장치 및 제조방법을 포함하여 치과용 임플란트 제조, 생체활성 인공골분과 융합되는 세라믹의 치과용 임플란트 제조 등의 특허를 2019년부터 출원하여 현재 총 4개의 특허를 보유하고 있다. 사업주체는 대상기술제품의 제조, 품질 향상을 위해 기술개발을 꾸준히 진행하고 있다.

〈표 6-3〉 기술 관련 지식재산권 보유현황

구분	기술명	출원(등록)번호	출원(등록)일
특허	하이브리드 임플란트 장치 및 제조방법	10-2020-*******	2020.12.28
	치과용 임플란트 제조	10-2019-*******	2019.07.14
	생체활성 인공골분과 융합되는 세라믹 치과용 임플란트 제조	10-2021-*******	2021.09.04
	항균성 코팅층을 포함하는 임플란트의 표면처리방법	10-2019-*******	2019.06.06

사업주체는 기술제품을 서울을 제외한 경기도 지역 치과의원을 중심으로 영업하고 있으며 기술제품은 2021년 출시되어 경기지역의 치과의원에서 매출이 발생하였다. 사업주체는 대표이사의 임플란트 시술의 전문성, 임직원의 영업활동, 의료기관 네트워크를 활용하여 영업활동을 수행하고 있다.

6.2 기술력평가 종합

6.2.1 기술력평가 평가결과[2]

㈜덴탈임플란트의 기술력평가 점수는 74.5점이고 평가등급은 BBB로 산출되었다.

기업명	(주)덴탈임플란드				기술평가점수	
법인번호	-	사업자번호	-			
대표자명	김유신	주민번호	741115-1*****			
설립일자	2020년 11월 15일					
기업형태	중소기업				74.5 (BBB)	
주소	인천시 남동구 남동공단 000길 00번지					
TEL	-	FAX	-			
표준산업 분류	정형 외과용 및 신체 보정용 기기 제조업 (C27192)					
주요기술	치아용 임플란트					
재무정보 ('21, 백만원)	매출액	영업이익	총자본	자기자본	발급일자	-
	50	-300	200	100		
제출처					결산기준일	2021.12.31

---

2) 본서의 기술력평가 사례는 가상기업인 ㈜덴탈임플란트에 대해 기술평가실무가이드(2020)의 투자용 기술력평가모형으로 평가함.

6.2.2 세부항목 평가결과

투자용 기술력평가는 소분류기준으로 25개 평가지표에 대해 평가한다. 사업주체의 기술력 점수는 74.5점이고 평가등급은 BBB로 산출되었다. 평가지표의 등급구간은 기업가정신과 경영주 역량의 기술지식수준은 우수(A)한 수준으로 평가되고 모방난이도와 투자회수전망은 미흡(D)수준으로 평가되었지만 대부분의 평가지표는 양호(B)와 보통(C) 수준으로 평가되었다.

대분류	중분류	소분류(평가지표)	우수 A	양호 B	보통 C	미흡 D	취약 E
경영 역량	기업가정신과 신뢰	기업가정신	■				
		경영주 신뢰성		■			
	경영주 역량	기술경험수준		■			
		기술지식수준	■				
	경영진 역량	기술경영수준		■			
		기술지식수준		■			
	경영관리 역량	경영관리능력			■		
		투자관리능력		■			
기술 역량	기술개발역량	기술개발인력		■			
		기술개발투자			■		
	기술경쟁력	기술의 차별성		■			
		기술완성도			■		
		모방난이도				■	
	지식재산역량	권리안정성		■			
		권리행사제한성		■			
		지식재산 이용률		■			

시장 잠재력	시장현황	시장규모				
		시장성장성				
	시장경쟁성	시장경쟁구조				
		경쟁제품과의 비교우위성				
사업 역량	사업화 역량	생산계획의 타당성				
		판매처 확보 여부				
	사업전망	매출전망				
		이익전망				
		투자회수전망				
기술평가 점수			74.5			

6.3 경영역량 평가지표 등급

6.3.1 경영역량 – 기업가정신과 신뢰

소분류	평가 등급	설명	비고
기업가 정신	A	대표이사 김유신은 국내 K대학에서 치의학박사학위를 받았으며, 치과의원을 10여년 동안 운영한 치의학 분야의 전문가임 사업주체는 창업기업으로 상근 임직원이 대표이사 포함 10명에 불과하지만, 조직구성원의 대다수가 관련 분야의 전문가이고, 노사가 함께하는 조직문화로 인해 구성원의 이직률이 경쟁사에 비해 낮은 수준임	

		2022년에는 벤처기업 인증을 받았으며, 기업부설 연구소를 통해 지속적인 연구개발로 제품의 기술개발 및 기술력을 인정받고 있음
경영주 신뢰	B	사업주체는 조직구성원의 70% 이상이 치의학관련 전문가이고, 노사가 함께하는 조직문화로 인해 구성원의 이직률이 경쟁사에 비해 낮은 수준이고 최근 3년 동안에 임금체불 등의 노사분규가 발생하지 않았음. 대표이사는 2010년부터 지금까지 10여년 동안 치과치료 자원봉사자로 활동하고 있으며, 지역내 유관단체와 협력 등 사회적 책임도 열심히 수행하고 있음 사업주체는 기술제품인 하이브리드 임플란트 장치 및 제조방법과 관련한 제품 설계 및 품질관리는 자체적으로 관리를 하고 있으며, 외주 생산 협력사는 GMP 인증과 클린룸 제조설비를 갖추고 있어 위생적이고 믿을 수 있는 제품을 생산하고 있음 향후 치과용 임플란트의 수요가 증가할 것을 감안하여 품질 향상 및 경쟁력 확보를 위해 연구개발에 지속적으로 투자하고 있으며, 관련 기술개발도 꾸준히 진행 중에 있음
요약		평가대상 기업의 대표이사는 치의학박사학위를 받았고 치과의원을 10여년 동안 운영한 전문가이고, 평가 대상기업은 조직구성원 대부분이 관련 분야를 전공한 전문가로 이루어져 있으며, 구성원들의 이직률이 낮고, 노사분규가 발생하지 않았고 지속적인 연구 및 기술개발을 고려할 때 기업가정신과 경영주 신뢰는 양호한 수준으로 평가됨

6.3.2 경영역량 – 경영주 역량

소분류	평가 등급	설명	비고
기술경험 수준	B	경영주는 동업종에서 약 10년 정도의 경력을 보유하고 있어, 기술 전문성은 양호한 수준이고 K대학에서 치의학 박사학위를 받고, 다년간의 치과의원 운영 경력을 바탕으로 치과용 임플란트에 대한 기술사업화 및 기술경험 수준이 높은 편으로 고급 기술자임 경영주는 동업종에서 10년간의 실무경험을 토대로 항균성 코팅층을 포함하는 임플란트의 표면처리 방법, 생체활성 인공 골분과 융합되는 세라믹 치과용 임플란트 제조, 치과용 임플란트 제조, 하이브리드 임플란트 장치 및 제조 방법과 같은 대상기술제품 관련 핵심기술의 연구개발에 관여하여 기술경험 수준이 양호함	
기술지식 수준	A	대표이사는 임직원의 영업활동 및 대표이사의 임플란트 시술의 전문성 등을 활용하여 영업활동을 수행하는 등 마케팅 활동으로 연계할 수 있는 능력을 갖추고 있으며, 2021년 경기지역 치과 의원에서 매출이 발생하였음 사업주체는 한국산업기술진흥협회가 인증한 기업부설연구소를 운영하고 있으며, 기술개발 관련 특허 4건을 출원/등록하는 등 기술지식이 높으며 거래처 수요에 대응하기 위해 상당한 노력을 기울이고 있어 기술지식수준은 우수한 것으로 평가됨	
요약		경영주는 치의학 석사/박사학위를 취득하였고 동업종에서 10여년 정도의 경력을 가지고 있으며 핵심기술 개발에 관여하고 있어서 기술경험수준과 기술지식수준이 우수하다는 점을 고려할 때에 경영주 역량은 양호한 수준으로 평가됨	

6.3.3 경영역량 – 경영진 역량

소분류	평가 등급	설명	비고
기술경영 수준	B	평가대상 기업의 경영진은 대표이사 김유신, 재무기획 김진혜 이사, 기술영업 최영 본부장, 품질관리 박주영 차장, 기업부설연구소 현강주 소장 등임 　대표이사 김유신은 K대학교 치의학 박사학위를 취득하였으며, 치의원을 10여년 동안 운영하였고 2020년에 동사를 창업하여 현재까지 안정적으로 사업전반을 이끌고 있음 　재무기획 김진혜 이사는 대표이사의 배우자로 삼성전자 등의 대기업에 근무하였고 사업주체가 설립된 2020년 이후 지금까지 회사전반의 재무기획/자금조달 업무를 수행하고 있으며, 기술영업의 최영 본부장은 메가젠임플란트 영업이사를 역임하였고 기업부설연구소 현강주 소장은 의료기기 연구개발 20년 이상 전문가임	
기술지식 수준	B	평가대상 기업의 조직은 영업팀, 품질관리/인허가, 기업부설연구소, 재무기획으로 나눠져 있으며, 각 팀별 전문인력을 확보하고 있어서 사업수행을 위한 인력편제는 적정한 것으로 평가됨. 회사 규모에 비해 경영기획/관리 인력이 부족한 것으로 평가되지만 경영진의 30% 이상이 치의학 관련 기술개발 인력수준이 우수한 것으로 평가됨 　평가대상 기업의 현새까지의 사업성과를 고려할 경우 경영진의 역량은 우수한 것으로 보이며, 경영진 역할과 업무분장이 적절한 것으로 평가됨	
요약		대상기업의 경영진은 치의학박사인 대표이사를 비롯하여 재무기획 전문가, 국내 메가젠임플란트 출신의 기술영업 본부장, 의료기기 연구개발 경력 20년 이상의 전문가로 구성되어 있음. 아직은 초기 스타트업 기업이지만 영업팀, 품질관리/인허가팀, 기업부설연구소로 조직화되어 있고 경영진의 기술경영수준과 기술지식수준은 양호한 것으로 평가됨	

6.3.4 경영역량 – 경영관리 역량

소분류	평가등급	설명	비고
경영관리 능력	C	• 기술경영 관리 수준 　대표이사는 동업종 경력 4년 이상이고 경영진의 30% 이상이 해당기술 관련 전공자임. 대표이사는 동사 설립 이전에 10여년 동안 치과병원을 운영하면서 대상기술의 기술동향 및 시장변화를 분석하여 기술개발에 반영하고 있으며 기술개발전략과 기업의 전략적 의사결정에 활발하게 참여하고 있음 • 기술인력 관리 　평가대상기업은 경영진과 기술인력 간의 자유로운 의사소통으로 기술인력의 만족도가 높지만 연구개발 성과 등에 대해 스톡옵션 등의 인센티브 제도를 수행하고 있지 않고 기술인력의 급여수준은 동업종(또는 중소기업 평균급여)의 1.2배로 유사함 • 자본참여도 　평가대상기업의 지분은 대표이사 김유신 75.0%, 배우자 김진혜 24.0%, 기술영업 최영본부장 1.0%를 소유하고 있음. 동사는 대표이사 김유신, 배우자 김진혜 등의 지분이 99.0%를 소유하고 있는 가족기업으로 업무성과공유 및 스톡옵션제 등과 경영진의 지분참여는 미흡함	
투자관리 능력	B	• 자본조달능력 　평가대상기업은 5차년도에 매출액이 크게 증가할 것으로 예상하고 4차년도에 자체 물류창고 등을 위해 700백만원을 투자할 계획임. 자본조달은 자기자본과 금융차입을 통해 조달할 계획이며 현재 400백만원은 금융기관 대출을 추진하고 있으며 나머지 300백만원은 이익잉여금으로 조달하려고 함	

	현재의 사업추진현황, 신용도 등을 고려할 경우 금융기관으로부터 추가적인 차입 가능성 높으며, 자기자본 구성을 고려할 경우 자본조달은 무난히 진행되고 자금조달에는 어려움이 없을 것으로 평가됨 〈표〉 동사의 자금조달계획 (단위: 백만원) | 구분	기조달액	추가조달 확정액	추가조달 예정액	합계
자기자본			300	300
금융차입			400	400
합계			700	700	
---	---
요약	대상기업은 경영진과 기술인력 간에 자유로운 의사소통으로 기술인력의 만족도가 높지만 연구개발성과에 대해 스톡옵션 등의 성과급을 지급하지 않고 있으며 기술인력의 급여수준은 동업종과 유사함. 대상기업의 지분은 대표이사와 배우자 등의 가족이 95% 이상을 소유하고 있어서 경영진의 자본참여도는 미흡함. 반면, 동사는 향후 700백만원의 물류창고 투자계획을 수립하고 있고 자본조달이 어렵지 않을 것으로 예상되므로 경영진의 경영관리능력과 투자관리능력은 보통수준으로 평가됨

6.4 기술역량 평가지표 등급

6.4.1 기술역량 – 기술개발역량

소분류	평가등급	설명	비고

기술개발 인력	B	• 기술인력 구성
		  대상기업의 기술인력은 특급이상 인력이 4인이고, 고급인력은 2인 이상으로 기술인력은 전현직에서 대상제품 관련 기술개발 성공사례를 보유하고 있으며 특허등록과 논문(KCI 등재지 이상) 게재실적이 있음
		• 기술인력의 적절성
		  대상기업의 기술인력은 조직구성원의 60% 이상으로 적정한 수준이고 최근 3년 동안에 기술인력이 매년 증가하고 있으며 이직률은 업종 평균(제조업평균 5.3%)보다 낮음	

기술개발 투자	C	• 기술개발 실적
		  대상기업은 하이브리드 임플란트의 기술상용화 실적이 2건이고, 대상기술 관련 특허등록은 4건으로 기술개발 실적은 전반적으로 양호한 수준임
		• 연구개발 투자 현황
		  경쟁기업인 오스템임플란트의 2년 평균 연구개발 비율은 5.84%, 메가젠임플란트는 4.31%이고 경쟁기업 2사의 평균은 5.08%로 대상기업의 연구개발비 2개년 평균인 3.60%로 경쟁사대비 낮은 수준임	

	〈표〉 연구개발투자비율			(단위: %)
	구분	2022년	2023년	평균
	동사	2.40%	4.80%	3.60%
	오스템임플란트	6.05%	5.64%	5.84%
	메가젠임플란트	4.06%	4.57%	4.31%
	2개사 평균	5.05%	5.10%	5.08%

요약	대상기업의 기술인력은 특급과 고급인력은 6인 이상으로 우수하고, 이직률이 제조업종 평균대비 낮으며 대상기술제품 관련 등록특허 4건으로 양호하지만 연구개발 투자실적은 경쟁사대비 낮게 나타나서 전반적으로 기술개발역량과 기술개발투자는 보통수준으로 평가됨

6.4.2 기술역량 – 기술경쟁력

소분류	평가등급	설명	비고
기술의 차별성	C	대상기술은 임플란트의 수명을 증가시키기 위한 다양한 개선 요인 중에 골흡수를 저감하는 방식에 속하는 기술로서 임플란트의 나사산 하부 형상을 곡선 형태로 설계한 것으로 기존 기술의 일부를 개량한 기술로 기술의 차별성은 보통 수준임	
기술 완성도	B	대상기술은 '하이브리드형 임플란트 장치 및 제조방법'으로 제조공정 개발을 거쳐 양산에 성공하였으며 치아용 임플란트 제조에 적용됨. 대상기술은 임플란트 나사선의 형태를 가공하는 것으로 기술의 완성도, 추가적인 기술개발 비용 및 소요기간, 관련제도 등을 보면 기술의 완성도는 양호한 수준임	
모방 난이도	D	대상기술은 나사선의 외형에 대한 설계 기술로서 리버스 엔지니어링이 용이하여 모방이 비교적 쉬우므로 기술 위험과 사업화 위험이 상대적으로 높은 것으로 평가되어 모방난이도는 미흡한 수준임	

요약	대상기술은 골흡수를 저감하는 방식에 속하는 임플란트 제조기술로서 기존 기술 일부를 개량하였고 제조공정 개발을 거쳐 양산에 성공하여 상용화되었지만 리버스 엔지니어링이 용이하여 모방이 비교적 쉬워 기술 위험과 사업화 위험이 상대적으로 높다는 점을 고려할 때 기술경쟁력은 보통 수준으로 평가됨

6.4.3 기술역량 – 지식재산역량

소분류	평가등급	설명	비고
권리 안정성	B	선행기술 검색결과 대상기술과 일부 관련이 있는 특허문헌은 총 5건으로 조사됨. 대상기술의 구성요소와 선행기술 조사 결과 공지된 문헌과의 구성요소를 비교한 결과 본 발명의 무효가능성은 비교적 높지 않음. 대상특허의 선행특허 분석결과 임플란트 나사부에 대한 유사한 선행기술이 소수 존재하나 대상특허의 권리의 저촉 가능성이 낮은 것으로 분석되어 권리안정성은 양호한 수준임	
권리행사 제한 가능성	B	대상특허는 지역적 권리범위에 있어서, 국내에서 출원·등록되어 있으며 해외에 특허출원을 하지 않았고 조약에 의한 우선권 주장 가능일(최초 출원일로부터 1년)이 경과하여 현시점에서 해외에의 출원은 불가능한 상황임. 다만, 사업주체는 아직은 해외진출을 계획하고 있지 않으며 국내에서 영업활동을 하고 있어서 권리행사의 제한가능성은 없는 것으로 파악됨 대상특허는 실체가 있는 기술 결과물로서 정밀 3D 측정으로 외관의 형상에 대해 모방 유무에 대한 확인이 가능하여 특허 침해 발견 및 입증이 용이함	
지식재산 활용도	B	대상특허가 기술제품의 기술구성요소에 적용되는 비중은 74%로 상당히 높음. 다만, 임플란트 정밀가공기술 등은 추가로 특허등록을 통해 보호가 필요함	

〈표〉 대상특허의 제품 적용 여부

제품기술분류	비중(A)	세분류_요소기술	비중(B)	대상특허 적용	(A)×(B)
나사부 형태 설계 (나사산하부 곡면설계 및 나삿등의 날카로운 부분 제거)	60%	나사부 저작압 분산 구조 검토 기술	60%	○	36.0%
		나사부 힘 분산 구조 해석 기술	30%	○	18.0%
		결과 분석 기술	5%		0.0%
		소계(①)	54.00%		
임플란트 정밀가공 기술	20%	정밀가공기술	100%		0.0%
		소계(①)	54.00%		
임플란트 나사부의 호브(Hob)형 구성 (임플란트 식립 편의 및 통증 감소)	20%	나사부 호브 구조 검토 기술	80%	○	16.0%
		호브형 구조 해석 기술	20%	○	4.0%
		소계(③)	20.00%		
④ 총계(①+②+③)					74.0%

요약	대상기술의 선행기술 검색결과 일부 관련이 있는 특허문헌은 총 5건으로 조사되었으며, 임플란트 나사부에 대한 유사한 선행기술이 소수 존재하나 저촉 가능성이 낮으며 대상특권의 청구범위가 주요 기능과 제품의 핵심 생산라인을 보호하고 있고 특허의 대상제품 기술구성요소의 적용 비중이 74%로 상당히 높다는 점을 고려할 때에 지식재산역량은 양호한 수준으로 판단됨

6.5 시장잠재력 평가지표 등급

6.5.1 시장잠재력 - 시장현황 및 전망

소분류	평가 등급	설명	비고
시장 규모	B	• 시장의 정의 　대상기술은 '하이브리드형 임플란트 장치 및 제조방법'으로 치아용 임플란트에 관한 기술로서 임플란트의 수명을 증가시키기 위해 골흡수를 저감시키고 임플란트의 식립을 쉽고 편리하게 할 수 있어 환자의 통증을 감소시키는 데 효과적인 임플란트 제조기술임 　대상기술이 적용되는 제품은 치아용 임플란트이고, 대상기술의 목표시장은 '치과용 임플란트 시장'이며, 주요 수요처는 치과병원 등의 의료기관으로 대상기술은 의료기기 산업에 포함되고 한국 표준산업분류에서 '정형외과용 및 신체 보정용 기기 제조업(C27192)'에 속함 • 시장규모 　세계 치과용 임플란트 시장은 치아 건강과 더불어 심미성 측면에서 수요가 증가하고 있음. 목표시장의 상위시장인 세계 치과용 임플란트 및 보철물 시장규모는 2018년 약 75억 달러에서 연평균 7.2%로 성장해 2021년 약 92억 달러에 이를 것으로 전망됨 〈표〉 세계 치과용 임플란트 및 보철물 시장규모 (단위: 백만 달러, %) | 구분	2018	2019	2020	2021	CAGR (18/21)
---	---	---	---	---	---
세계	7,496	8,036	8,615	9,235	7.2%	 출처: MarketsandMarkets(2022.09), 'Dental Implants & Prosthetics Market'. 재구성	

목표시장인 세계 치과용 임플란트 시장규모는 2018년 약 32억 달러에서 연평균 6.3%로 성장하여 2021년에 약 39억 달러에 이를 것으로 예상되고, 2019년 기준 세계 치과용 임플란트 및 보철물 시장에서 임플란트가 차지하는 비중은 42.7%로 파악됨

〈표〉 세계 치과용 임플란트 시장 규모

(단위: 백만 달러, %)

구분	2018	2019	2020	2021	CAGR (18/21)
글로벌	3,227	3,430	3,646	3,876	6.3%

출처: Fortune Business Insights(2022.09.27), 'Dental Implants Market Report, 2022-2029'. 표춘미 등(2023) 재인용

국내 치과용 임플란트 및 보철물 시장규모는 2018년 4,479억원에서 연평균 7.8%로 성장해 2021년 5,836억 원에 이를 것으로 전망됨. 국내의 치과용 임플란트의 수요가 지속적으로 증가하여 시장규모가 확대될 것으로 예상됨

〈표〉 국내 치과용 임플란트 및 보철물 시장규모

(단위: 억원, %)

구분	2018	2019	2020	2021	CAGR (18/21)
국내	4,479	5,116	5,581	5,836	7.8%

주: 각 년도 한국은행 평균환율
출처: MarketsandMarkets(2018), 'Dental Implants & Prosthetics Market'. 표춘미 등(2023) 재인용

국내 치과 임플란트 환자 수는 2017년 약37만 명에서 2021년 약 52만 명으로 증가하였고, 임플란트 식립 수술 건수는 2017년 약 60만 회에서 2021년 약 77만 회로 증가하여 국내 치과용 임플란트 시장 규모는 지속적인 성장이 예상됨

<표> 국내 치과 임플란트 환자수 및 식립시술 현황

(단위: 명, 회)

구분	2017	2018	2019	2020	2021	CAGR (17/21)
환자수	369,068	380,082	487,791	484,120	515,538	8.7%
사용량	595,144	602,912	771,954	757,050	769,579	7.6%

출처: 보건의료빅데이터개방시스템, 진료행위(검사/수술 등)통계, 치과임플란트[1차당]-고정체(본체)식립술(2단계)-치과의원, 표춘미 등(2023) 재인용

상기와 같이 국내 치과용 임플란트 및 보철물 시장은 2021년에 약 5,836억원 규모이고, 국내의 임플란트 환자는 2017년~2021년 동안에 연평균성장률 8.7%로 증가하여 목표시장인 국내 치과용 임플란트 시장은 향후에도 지속적으로 성장할 것으로 전망됨

시장 성장성	B	

• 시장전망

세계 치과용 임플란트와 보철물 시장은 인구고령화에 따른 보철치료 수요증가, 디지털 솔루션 채택 증가, 소비자의 인식개선 및 심미성에 대한 수요 증가로 지속적으로 성장하고 있음

세계 치과용 임플란트 및 보철물 시장 전망은 2022년 99억 달러에서 연평균 7.2%로 성장하여 2027년 141억 달러에 이를 것으로 전망됨

<표> 세계 치과용 임플란트 및 보철물 시장전망

(단위: 백만 달러, %)

구분	2022	2023	2024	2025	2026	2027	CAGR (22/27)
세계	9,900	10,613	11,377	12,196	13,074	14,100	7.2%

출처: MarketsandMarkets(2022.09), 'Dental Implants & Prosthetics Market'. 표춘미 등(2023) 재인용

세계 치과용 임플란트 시장 전망은 2022년 약 41억

달러에서 연평균 6.3% 성장해 2029년에 약 63억 달러에 이를 것으로 예상됨. 특히, 아시아 지역은 인구밀도가 높고, 노인 인구가 증가하고 있으며 가처분 소득이 증가하고 있어 세계 치과용 임플란트 시장을 견인할 것으로 예상됨

〈표〉 세계 치과용 임플란트 시장전망

(단위: 백만 달러, %)

구분	2022	2023	2024	2025	2026	2027	2028	2029	CAGR (22/29)
세계	4,120	4,380	4,655	4,949	5,261	5,592	5,944	6,340	6.3%

출처: Fortune Business Insights(2022.09.27), 'Dental Implants Market Report, 2022-2029'. 표춘미 등(2023) 재인용

국내는 인구고령화에 따른 보철치료 수요 증가, 치아 임플란트의 건강보험 적용 확대, 치아 심미성 시술의 증가로 치과용 임플란트 및 보철물 시장은 꾸준히 성장할 것으로 예상됨. 국내 치과용 임플란트 및 보철물 시장은 2022년에 6,291억원에서 연평균 7.8%로 성장하여 2027년에 9,158억원에 달할 것으로 전망됨

〈표〉 국내 치과용 임플란트 및 보철물 시장전망

(단위: 억원, %)

구분	2022	2023	2024	2025	2026	2027	CAGR (22/29)
국내	6,291	6,782	7,311	7,88	8,496	9,158	7.8%

주: 2021년 한국은행 평균환율 1,144.61 /1$ 원
출처: MarketsandMarkets(2018), Dental Implants & Prosthetics Market, 표춘미 등(2023) 재인용

대상기술의 목표시장인 국내 치과용 임플란트 시장 전망은 국내 치과용 임플란트 및 보철물 시장 전망과 세계 치과용 임플란트 및 보철시장에서 치과용 임플란트

		가 차지하는 비중(42.7%), 2017~2021년 동안에 국내 치과 임플란트 식립 시술 건수의 연평균성장률(7.6%)을 적용하여 추정함. 국내 치과용 임플란트 시장규모는 2022년에 2,685억원에서 연평균성장률 7.6%로 성장하여 2027년에 3,866억원으로 전망됨 〈표〉 국내 치과용 임플란트 시장전망 (단위: 억원, %) | 구분	2022	2023	2024	2025	2026	2027	CAGR (22/27)
---	---	---	---	---	---	---	---
국내	2,685	2,888	3,107	3,341	3,594	3,866	7.6%	 주: 2021년 한국은행 평균환율 1,144.61 /1$원 출처: 표춘미 등(2023), '스타트업을 위한 기술금융과 기술가치평가' 재인용 국내 치과용 임플란트 시장은 2027년까지 연평균 7.6%로 지속적으로 성장할 것으로 전망되므로 시장 성장성은 양호한 수준으로 평가됨
의견		인구 고령화에 따른 노인인구 증가로 보철치료의 수요 증가, 소비자의 인식 개선 및 심미성에 대한 수요 증가 등으로 국내 치과용 임플란트 시장은 2022년 2,685억원에서 2027년에 3,866억원으로 연평균성장률 7.6%로 지속적으로 꾸준히 성장할 것으로 전망되므로 시장현황 및 전망은 양호한 수준으로 평가됨

6.5.2 시장잠재력 – 시장경쟁성

소분류	평가 등급	설명	비고
시장경쟁 구조	C	• 경쟁상황 국내 치과용 임플란트 시장은 꾸준히 성장하고 있으며 몇몇 제조업체가 시장을 선점하고 있음. 국내 시장은 오스템 임플란트, 덴티움, 네오바이오텍, 디오, 메	

가젠 순으로 시장을 점유하고 있음. 국내 치과용 임플란트의 생산규모는 2021년 1조 3,702억원에서 2023년 1조 9,966억원으로 증가함.[3] 다만, 몇몇 대기업 간에는 경쟁상황이 높지만 사업주체는 중소기업으로 대기업의 경쟁구조는 사업주체의 사업화에 영향을 미치지 않을 것으로 판단되므로 경쟁상황은 보통수준으로 평가됨

- 법 규제 등 제약/장려요인

법 규제 등의 장려 요인으로는 65세 이상 노령층의 치아용 임플란트를 건강보험 확대로 정책적으로 지원하고 있음. 다만, 치과용 임플란트는 임플란트 구조물로써 골 및 구강 내에서 기계적 안전성을 보증하는 피로도 시험에 대한 시험기준이 없는 상황으로 관련제도 보완이 필요함[4]

- 시장진입 용이성

치과용 임플란트 시장의 주요 공급 업체들은 연구개발(R&D), 첨단 제조 능력, 확장된 유통 네트워크를 보유 중이며, 신규 기업들은 시장 진입에 어려움이 있음.

또한, 치과용 임플란트 시장은 높은 자본 투자, 유통 채널에 대한 제한된 접근은 신규 업체의 시장 진입을 어렵게 만드는 요소임[5]

대상업체는 2020년에 설립되어 2021년에 대상기술제품인 치과용 임플란트에 대해 경기도 치과의원을 중심으로 매출이 발생하였으므로 시장진입 용이성은 양호한 것으로 평가됨

---

3) 매경헬스(2024.03.29) '매출 두 자릿수 성장 오스템·덴티움, 해외서 승승장구…'K-덴탈' 저력 보여준다.'
4) 식품의약품안전처(2020.06) '치과용 임플란트 피로도시험 기준에 대한 가이드라인'.
5) 연구개발특구진흥재단(2021.03) '치과용 임플란트 시장'.

		상기와 같이 국내 치과용 임플란트의 생산규모의 증가로 인한 시장 성장, 피로도 시험과 관련한 기준 부재, 신규업체의 시장 진입 어려움 등을 고려할 때 시장 경쟁구조는 보통 수준임
경쟁제품과의 비교 우위성	B	• **시장점유율** 　국내 치과용 임플란트 시장의 시장 점유율은 오스템 임플란트가 시장의 약 36%를 차지하고 있어 가장 높으며 다음으로 덴티움이 17%로 그 다음을 차지하고 있음[6)] 　글로벌 치과용 임플란트 시장은 스트라우만, 다나허, 덴티스토리 등의 기업이 글로벌 시장을 선점하고 있음 〈그림〉 글로벌 임플란트 업체 시장점유율(2019) 기타 20% Straumann 26% 덴티움 5% Zimmer Biomet 5% 오스템 임플란트 8% Henry Schein 8% Dentsply 11% Danaher 17% 출처: Staumann. 삼성증권(2021.03.09.), 덴탈케어 치과의 미래에서 찾는 기회

---

6) 매경헬스(2024.03.29) '매출 두 자릿수 성장 오스템·덴티움, 해외서 승승장구…'K-덴탈' 저력 보여준다.'

	치과용 임플란트 시장은 몇몇 국내외 글로벌 기업들이 선점하고 있으며 사업주체는 시장에 제품을 출시하였지만 아직은 중소기업으로 자금과 인력의 한계로 향후 시장점유율은 보통 수준으로 평가됨 • 경쟁제품과 비교우위성 　기술제품은 골흡수를 감소시켜서 임플란트의 수명을 연장시키고, 임플란트의 식립 개선과 환자의 통증 감소 등으로 품질경쟁력과 가격경쟁력을 확보하고 있어 경쟁제품과 비교우위성은 양호한 수준임 • 제품신뢰 및 안전성 　치과용 임플란트 산업은 타 산업 대비 안전성이 매우 중요함. 이와 관련해, 평가대상 기업은 하이브리드 임플란트 장치 및 제조방법, 치과용 임플란트 제조, 생체활성 인공골분과 융합되는 세라믹 치과용 임플란트 제조, 항균성 코팅층을 포함하는 임플란트의 표면처리 방법 등 기술 개발 관련 지식재산권을 보유하고 있음 　또한, 대상기술 제품의 제조와 관련해 2021년 기업부설 연구소를 개소해 연구개발에 지속적으로 투자하고 있어, 제품 신뢰 및 안전성은 양호한 것으로 평가됨
의견	국내 치과용 임플란트 시장의 생산규모 증가로 인한 성장, 65세 이상 노령층의 치과용 임플란트 건강보험 확대 정책 지원, 국내외 치과용 임플란트 시장구조, 신규업체의 시장진입 어려움과 기술제품의 임플란트 수명 연장 기술, 보유한 지식재산권과 연구개발 투자 등을 고려할 때 시장경쟁수소는 보통 수준이고 경쟁제품과의 비교우위성은 양호한 수준으로 평가됨

6.6 사업역량 평가지표 등급

6.6.1 사업역량 – 사업화역량

소분류	평가 등급	설명	비고
생산능력	C	• 생산계획의 타당성 　대상기업은 2021년 치과용 임플란트의 제조·판매로 50백만원 매출을 실현함. 평가대상 기업의 사업화계획은 2022년 2억원, 2023년에 15억원, 2024년에 30억원을 수립하였으며, 제품 제조와 관련해 2021년 기업부설 연구소를 설립하여 품질향상 및 경쟁력확보를 위해 지속적으로 투자하고 있음 〈표〉 사업주체의 사업화 계획　(단위: 억원) | 제품명	전년도 실적 (2021년)	2022년 국내	2022년 해외	2023년 국내	2023년 해외	2024년 국내	2024년 해외
---	---	---	---	---	---	---	---
치아용 임플란트	0.5	2		15		30	
합계	0.5	2		15		30		 출처: 표춘미(2023), '스타트업을 위한 기술금융과 기술가치평가' 재인용 　기술제품인 치아용 임플란트 제조 및 품질 향상을 위해 총 4건의 특허를 보유 중이며, 기술제품을 생산하는 협력업체는 GMP와 클린룸 인증을 받았으며 연간 500억원의 생산능력을 갖추고 있어서 사업주체의 사업화 계획을 수행하기에 충분한 생산 Capacity를 확보한 것으로 평가됨. 다만, 기술제품을 외주방식으	

		로 생산하여 생산능력은 보통 수준으로 평가됨	
		• 재료 및 부품 조달 용이성 　　기술제품인 치아용 임플란트는 OEM 방식으로 협력업체에서 생산하고 제품 설계 및 품질점검은 자체적으로 수행하고 있음. 해당 협력사는 GMP 인증과 클린룸 제조설비를 갖춘 기업으로 대상기술 제품을 우선적으로 생산하기로 계약을 체결하여 제품 생산에는 어려움이 없음. 또한 협력사는 외부감사대상 법인으로 재료 및 부품조달은 용이한 것으로 평가됨	
판매처 확보 여부	B	• 판매처 확보 여부 　　대상기업은 기술제품에 대해 서울을 제외한 경기도 지역의 치과 의원을 중심으로 영업활동을 하고 있으며, 대상기술 제품은 2021년 출시되어 경기지역의 치과 의원에서 매출이 발생함. 　　임직원의 영업활동 및 대표이사의 임플란트 시술의 전문성과 의료기관 네트워크를 활용하여 영업활동을 수행하고 있어 판매처 확보 여부는 양호한 수준임	
의견	대상기업은 2021년 치과용 임플란트의 제조 및 판매로 0.5억원의 매출을 실현하고, 기업부설 연구소 설립 및 4건의 특허를 보유하고 있지만 대상기술제품은 OEM 방식으로 외주 생산을 하고 있어서 생산능력은 보통수준으로 평가됨. 대상기업의 판매처 확보 여부 수준은 대표이사가 치과의사 출신으로 경기도 지역의 치과를 중심으로 영업망을 구축하고 있어서 양호한 수준으로 평가됨		

6.6.2 사업역량 – 사업전망

소분류	평가등급	설명	비고
매출전망	B	• 매출전망 　대상기업은 2021년 제품을 출시하여 0.5억원의 매출액을 실현하였고 사업화 계획은 2022년 2억, 2023년 15억, 2024년 30억원의 매출을 달성할 계획임 　기술제품의 2022~2027년 동안의 평균매출액 증가율은 대상기술이 속한 동업종(C27, 의료, 정밀, 광학기기 및 시계)의 최근 3년 평균 매출액 증가율인 6.03%와 비교하여 2배 이상 높을 것으로 추정됨 〈표〉 동업종 매출액 증가율　(단위: %) | 구분	2019	2020	2021	평균
---	---	---	---	---
C27 (의료, 정밀, 광학기기 및 시계)	-1.19%	4.34%	14.93%	6.03%	 출처: ECOS 한국은행 경제통계 시스템, 성장성 지표 　기술제품의 2022~2027년 동안의 평균 매출액 증가율은 동업종(C27, 의료, 정밀, 광학기기 및 시계)의 최근 3개년 연평균성장률 6.03%와 비교하여 2배 이상 높게 전망되어 매출전망은 양호한 것으로 평가됨	
이익전망	B	• 이익전망 　기술제품의 영업이익률은 8.7%로 예상되고 동 업종(C27, 의료, 정밀, 광학기기 및 시계)의 평균 영업이익률인 6.08%로 기술제품의 영업이익률은 업종평균을 상회하여 이익전망은 양호한 것으로 평가됨	
투자회수전망	D	• 투자회수전망 　평가대상기업은 창업기업으로 기술보증기금 등에	

	서 3억 정도의 보증서를 통해 은행에서 자금을 차입하였고 이외에 VC로부터 투자를 받지 않은 상황임. 　　아직은 사업화 초기로 IPO(기술특례상장)를 계획하고 있지 않으며 향후 7년 이내 자금회수 가능성은 유동적일 것으로 평가되므로 투자회수전망은 미흡한 수준임
의견	대상기업의 매출액 성장률은 대상기술이 속한 동업종과 비교하여 2배 이상 높을 것으로 예상되고 영업이익률은 동업종보다 상회할 것으로 전망되므로 매출전망과 이익전망은 양호한 수준임. 다만, 아직은 사업화 초기로 IPO를 계획하고 있지 않으며 향후 7년 이내 자금회수 가능성은 유동적으로 평가되어 사업전망은 보통수준임

부록

기술지식수준 판단표

1) 기술개발 인력

구분	판단기준	
특급 기술자	• 해당기술분야의 기술사 자격 취득 후 4년 이상 해당기술분야의 업무를 수행한 자 • 해당기술분야의 기사 자격 취득 후 10년 이상 해당기술분야의 업무를 수행한 자 • 해당기술분야의 산업기사 자격 취득 후 13년 이상 해당기술분야의 업무를 수행한 자	• 해당기술분야의 박사학위를 취득 후 3년 이상 해당기술분야의 업무를 수행한 자 • 해당기술분야의 석사학위를 취득 후 9년 이상 해당기술분야의 업무를 수행한 자 • 해당기술분야의 학사학위를 취득 후 12년 이상 해당기술분야의 업무를 수행한 자 • 해당기술분야의 전문대학을 졸업한 후 15년 이상 해당기술분야의 업무를 수행한 자 • 고졸 이하 학력자로 18년 이상 해당기술분야의 업무를 수행한 자
고급 기술자	• 해당기술분야의 기술사 자격 취득 후 1년 이상 해당기술분야의 업무를 수행한 자 • 해당기술분야의 기사 자격 취득 후 7년 이상 해당기술분야의 업무를 수행한 자 • 해당기술분야의 산업기사 자격 취득 후 10년 이상 해당기술분야의 업무를 수행한 자	• 해당기술분야의 박사학위를 취득 후 3년 미만 해당기술분야의 업무를 수행한 자 • 해당기술분야의 석사학위를 취득 후 6년 이상 해당기술분야의 업무를 수행한 자 • 해당기술분야의 학사학위를 취득 후 9년 이상 해당기술분야의 업무를 수행한 자 • 해당기술분야의 전문대학을 졸업한 후 12년 이상 해당기술분야의 업무를 수행한 자 • 고졸 이하 학력자로 15년 이상 해당기술분야의 업무를 수행한 자

중급 기술자	• 해당기술분야의 기술사 자격 취득 후 1년 미만 해당기술분야의 업무를 수행한 자 • 해당기술분야의 기사 자격 취득 후 4년 이상 해당기술분야의 업무를 수행한 자 • 해당기술분야의 산업기사 자격 취득 후 7년 이상 해당기술분야의 업무를 수행한 자	• 해당기술분야의 석사학위를 취득 후 3년 이상 해당기술분야의 업무를 수행한 자 • 해당기술분야의 학사학위를 취득 후 6년 이상 해당기술분야의 업무를 수행한 자 • 해당기술분야의 전문대학을 졸업한 후 9년 이상 해당기술분야의 업무를 수행한 자 • 고졸 이하 학력자로 12년 이상 해당기술분야의 업무를 수행한 자
초급 기술자	• 해당기술분야의 기사 자격 취득 후 1년 이상 해당기술분야의 업무를 수행한 자 • 해당기술분야의 산업기사 자격 취득 후 4년 이상 해당기술분야의 업무를 수행한 자	• 해당기술분야의 석사학위를 취득 후 3년 미만 해당기술분야의 업무를 수행한 자 • 해당기술분야의 학사학위를 취득 후 3년 이상 해당기술분야의 업무를 수행한 자 • 해당기술분야의 전문대학을 졸업한 후 6년 이상 해당기술분야의 업무를 수행한 자 • 고졸 이하 학력자로 9년 이상 해당기술분야의 업무를 수행한 자
기타	• 위 각호에 해당되지 아니하는 자	• 위 각호에 해당되지 아니하는 자
	• 해당기술분야라 함은 국가과학기술표준분류체계의 중분류 이하(영문 포함 네 자리 수)의 기술분류와 같은 경우의 기술분야를 일컬음. • 다만, 분류체계상 상이한 경우라 할지라도 같은 기술분류로 인정되는 것이 타당한 경우에는 해당기술분야로 인정할 수 있으며, 이 경우 평가표의 평가근거란에 관련근거를 입력해야 함. • (예) EB02 세라믹재료(재료)와 ED04 반도체소자/시스템(전기/전자); LC15 독성/안전성 관리기반(보건의료)와 EH09 환경보건(환경) 등	

2) 전문디자인 산업용

구분	판단기준(전문디자인 산업용)	
특급 기술자	• 관련분야의 기술사 자격 취득 후 2년 이상 관련분야의 업무를 수행한 자 • 관련분야의 기사 자격 취득 후 8년 이상 관련분야의 업무를 수행한 자 • 관련분야의 산업기사 자격 취득 후 11년 이상 관련분야의 업무를 수행한 자	• 관련분야의 박사학위를 취득 후 1년 이상 관련분야의 업무를 수행한 자 • 관련분야의 석사학위를 취득 후 7년 이상 관련분야의 업무를 수행한 자 • 학사학위를 취득 후 10년 이상 관련분야의 업무를 수행한 자 • 전문대학을 졸업한 후 13년 이상 관련분야의 업무를 수행한 자 • 고졸 이하 학력자로 16년 이상 관련분야의 업무를 수행한 자
고급 기술자	• 관련분야의 기술사 자격 취득 후 2년 미만 관련분야의 업무를 수행한 자 • 관련분야의 기사 자격 취득 후 5년 이상 관련분야의 업무를 수행한 자 • 관련분야의 산업기사 자격 취득 후 8년 이상 관련분야의 업무를 수행한 자	• 관련분야의 박사학위를 취득 후 1년 미만 관련분야의 업무를 수행한 자 • 관련분야의 석사학위를 취득 후 4년 이상 관련분야의 업무를 수행한 자 • 학사학위를 취득 후 7년 이상 관련분야의 업무를 수행한 자 • 전문대학을 졸업한 후 10년 이상 관련분야의 업무를 수행한 사 • 고졸 이하 학력자로 13년 이상 관련분야의 업무를 수행한 자
중급 기술자	• 관련분야의 기사 자격 취득 후 2년 이상 관련분야의 업무를 수행한 자 • 관련분야의 산업기사 자격 취득	• 관련분야의 석사학위를 취득 후 1년 이상 관련분야의 업무를 수행한 자 • 학사학위를 취득 후 4년 이상 관

	후 5년 이상 관련분야의 업무를 수행한 자	련분야의 업무를 수행한 자 • 전문대학을 졸업한 후 7년 이상 관련분야의 업무를 수행한 자 • 고졸 이하 학력자로 10년 이상 관련분야의 업무를 수행한 자
초급 기술자	• 관련분야의 기사 자격을 취득 후 2년 미만 관련분야의 업무를 수행한 자 • 관련분야의 산업기사 자격을 취득 후 5년 미만 관련분야의 업무를 수행한 자	• 관련분야의 석사학위를 취득 후 1년 미만 관련분야의 업무를 수행한 자 • 학사학위를 취득 후 1년 이상 관련분야의 업무를 수행한 자 • 전문대학을 졸업한 후 4년 이상 관련분야의 업무를 수행한 자 • 고졸 이하 학력자로 7년 이상 관련분야의 업무를 수행한 자
기타	• 위 각호에 해당되지 아니하는 자	• 위 각호에 해당되지 아니하는 자
	• 관련분야의 기술 및 산업기사 자격은 한국산업인력관리공단의 기사자격만을 인정하며 제품디자인 기술사, 시각디자인기사, 시각디자인산업기사, 컬러리스트기사, 컬러리스트산업기사, 제품디자인기사, 제품디자인산업기사 등이 있음 • 관련분야는 미술, 디자인, 예술기획 및 예술경영 관련 분야만 인정	

3) 혁신형 지식서비스업

구분	경영진 및 서비스기술인력 부문 판단기준 (혁신형 지식서비스업)		마케팅인력 부문 판단기준 (혁신형 지식서비스업)
특급 기술자	• 관련분야의 기술사 자격 취득 후 2년 이상 해당기술분야의 업무를 수행한 자 • 관련분야의 기사 자격 취득 후 8년 이상 관련분야의 업무를 수행한 자 • 관련분야의 산업기사 자격 취득 후 11년 이상 관련분야의 업무를 수행한 자	• 관련분야의 박사학위를 취득 후 3년 이상 해당기술분야의 업무를 수행한 자 • 관련분야의 석사학위를 취득 후 7년 이상 해당기술분야의 업무를 수행한 자 • 학사학위를 취득 후 10년 이상 해당기술분야의 업무를 수행한 자 • 전문대학을 졸업한 후 12년 이상 해당기술분야의 업무를 수행한 자 • 고졸 이하 학력자로 14년 이상 해당기술분야의 업무를 수행한 자	• 마케팅분야의 박사학위를 취득 후 3년 이상 마케팅분야의 업무를 수행한 자 • 마케팅분야의 석사학위를 취득 후 7년 이상 마케팅분야의 업무를 수행한 자 • 학사학위를 취득 후 10년 이상 마케팅분야의 업무를 수행한 자 • 전문대학을 졸업한 후 12년 이상 마케팅분야의 업무를 수행한 자 • 고졸 이하 학력자로 14년 이상 마케팅분야의 업무를 수행한 자
고급 기술자	• 관련분야의 기술사 자격 취득 후 2년 미만 해당기술분야의 업무를 수행한 자 • 관련분야의 기사 자격 취득 후 5년 이상 관련분야의 업무를 수행	• 관련분야의 박사학위를 취득 후 3년 미만 해당기술분야의 업무를 수행한 자 • 관련분야의 석사학위를 취득 후 5년 이상 해당기술분야의 업무	• 마케팅분야의 박사학위를 취득 후 3년 미만 마케팅분야의 업무를 수행한 자 • 마케팅분야의 석사학위를 취득 후 5년 이상 마케팅분야의 업무

		한 자 • 관련분야의 산업기사 자격 취득 후 8년 이상 관련분야의 업무를 수행한 자	를 수행한 자 • 학사학위를 취득 후 7년 이상 해당기술분야의 업무를 수행한 자 • 전문대학을 졸업한 후 10년 이상 해당기술분야의 업무를 수행한 자 • 고졸 이하 학력자로 12년 이상 해당기술분야의 업무를 수행한 자	를 수행한 자 • 학사학위를 취득 후 7년 이상 마케팅분야의 업무를 수행한 자 • 전문대학을 졸업한 후 10년 이상 마케팅분야의 업무를 수행한 자 • 고졸 이하 학력자로 12년 이상 마케팅분야의 업무를 수행한 자
중급 기술자		• 관련분야의 기사 자격 취득 후 2년 이상 관련분야의 업무를 수행한 자 • 관련분야의 산업기사 자격 취득 후 5년 이상 관련분야의 업무를 수행한 자	• 관련분야의 석사학위를 취득 후 2년 이상 해당기술분야의 업무를 수행한 자 • 학사학위를 취득 후 5년 이상 해당기술분야의 업무를 수행한 자 • 전문대학을 졸업한 후 7년 이상 해당기술분야의 업무를 수행한 자 • 고졸 이하 학력자로 10년 이상 • 해당기술분야의 업무를 수행한 자	• 마케팅분야의 박사학위를 취득 후 3년 미만 마케팅분야의 업무를 수행한자 • 마케팅분야의 석사학위를 취득 후 5년 이상 마케팅분야의 업무를 수행한 자 • 학사학위를 취득 후 7년 이상 마케팅분야의 업무를 수행한 자 • 전문대학을 졸업한 후 10년 이상 마케팅분야의 업무를 수행한 자 • 고졸 이하 학력자로 12년 이상 마케팅분야의 업무를 수행한 자
초급 기술자		• 관련분야의 기사 자격 취득 후 2년 미만 관	• 관련분야의 석사학위를 취득 후 2년 미만	• 마케팅분야의 석사학위를 취득 후 2년 미

	련분야의 업무를 수행한 자 • 관련분야의 산업기사 자격 취득 후 5년 미만 관련분야의 업무를 수행한 자	해당기술분야의 업무를 수행한 자 • 학사학위를 취득 후 1년 이상 해당기술분야의 업무를 수행한 자 • 전문대학을 졸업한 후 2년 이상 해당기술분야의 업무를 수행한 자 • 고졸 이하 학력자로 4년 이상 해당기술분야의 업무를 수행한 자	만 마케팅분야의 업무를 수행한 자 • 학사학위를 취득 후 1년 이상 마케팅분야의 업무를 수행한 자 • 전문대학을 졸업한 후 2년 이상 마케팅분야의 업무를 수행한 자 • 고졸 이하 학력자로 4년 이상 마케팅분야의 업무를 수행한 자
기타	• 위 각호에 해당되지 아니하는 자	• 위 각호에 해당되지 아니하는 자	• 위 각호에 해당되지 아니하는 자

참고문헌

1. 관계기관합동(2023.07.27), '기술특례상장 제도 개선 방안'
2. 권수영(2021), '회계학이야기', 신영사
3. 금융위원회(2019.5.2), '코스닥 시장의 공시 건전화를 위한 노력을 지속하겠습니다'
4. 금융위원회 홈페이지, https://www.fsc.go.kr/index
5. 김경문&김연성 번역(2011), '마이클포터 경쟁론', 21세기북스
6. 김기용과 고영희(2023), '성장기업 지원제도 개선과 활성화 효과 연구: 코스닥 기술특례상장제도를 중심으로', 정책개발연구 23(1)
7. 김철중(2018), '기업가치 중심의 경영분석', 명경사
8. 김태훈(2016), '국내 기업공개(IPO) 제도의 현황과 개선방안에 대한 연구'
9. 매경헬스(2024.03.29.), '매출 두 자릿수 성장 오스템·덴티움, 해외서 승승장구…'K-덴탈' 저력 보여준다.'
10. 메디포뉴스(2024.02.26), '베르티스, 200억원 규모 프리IPO 투자유치 완료'
11. 법무법인지평(2024), '지평 IPO 실무연구(2024)', 박영사
12. 법제처 홈페이지, '주식의 발행, 상장 및 공시 의무
13. 보건의료빅데이터개방시스템, 진료행위(검사/수술 등)통계
14. 보험연구원(2012.07.02), '상장동기와 상장이후 시장가치'
15. 산업통상자원부(2021), '2020 기술평가 실무가이드'
16. 삼성증권(2021.03.09), '덴탈케어 치과의 미래에서 찾는 기회'
17. 상장공시시스템(KIND), 유가증권시장 – 상장심사 가이드북
18. 서울경제(2024.04.13.), "투자자 패닉'…상장적격성 실질심사란?

[정성빈 변호사의 상장폐지를 피하는 法]'

19. 스타트업얼라이언스(2023.10.27), '기술특례상장 제도 개선 바로알기'
20. 식품의약품안전처(2020.06) '치과용 임플란트 피로도시험 기준에 대한 가이드라인'
21. 신한투자증권 IPO 안내, https://www.shinhansec.com/siw/ib/ecm/ib_ecm_ipo_tab1_1/contents.do
22. 아주경제(2024.01.05), '[공시학개론] "풍문으로 들었소" 공시로 보는 기업의 소문 '조회공시''
23. 아주경제(2024.04.11), '[공시학개론] 내 주식이 관리종목 지정? 기준이 뭘까?'
24. 중소벤처기업부 보도자료(2023.11.13), '벤처업계의 숙원, 복수의결권 제도18일 시행'
25. 연구개발특구진흥재단(2021.03) '치과용 임플란트 시장'
26. 연합인포맥스(2024.01.23), '[IB스토리] 기술특례상장에 매출 중요할까…2024년 IPO 준비 전략은
27. 이코노미스트(2022.04.07), '상장폐지 결정되면 내가 투자한 돈은 진짜 '0'원 될까'
28. 자본시장연구원(2021.08.24), '국내 상장기업의 공시위반 및 제재 현황과 시사점'
29. 자본시장연구원(2022.08.29), '특례상장 기업의 성과분석과 시사점', 이슈보고서 22-16
30. 천형성 등(2021), '지금 당장 IPO를 목표로 도전하라', 삼일인포마인
31. 코스닥신규상장기업 한국거래소 보도자료
32. 표춘미·최정운(2023), '스타트업을 위한 기술금융과 기술가치평가', 샘앤북스
33. 한경 코리아마켓(2024.02.06), '결산관련 상장폐지 24%…비적정 기업 투자 유의 당부'

34. 한국거래소 규정(제2233호, 2024.5.23. 발령시행) 제5조
35. 한국거래소(2023.05), '2023 코스닥상장심사 이해와 실무'
36. 한국거래소 상장공시시스템, https://kind.krx.co.kr/main.do?method=loadInitPage&scrnmode=1
37. 한국거래소 홈페이지, https://listing.krx.co.kr/contents/LST/04/04020600/LST04020600.jsp
38. 한국거래소(2023.05), '2023 코스닥 상장심사 이해와 실무'
39. 한국벤처캐피털협회 홈페이지, https://www.kvca.or.kr/
40. 한국산업기술진흥원/한국발명진흥회(2011.11), '기업기술력 등급평가모형 개선연구'
41. 한국은행(2021.05), '우리나라 주식시장의 실물경제 대표성 분석 - 산업별 비교를 중심으로'
42. BLOTER(2024.09.10), '[안희철의 M&A 나침반] M&A 진술·보장과 '안티 샌드배깅' 조항'
43. brunch story(2023.10.27), '기술특례상장 평가항목 전격분석 Part1. 기술성', https://brunch.co.kr/@9535e65c2e824ba/22
44. brunch story(2023.11.06), '기술특례상장 평가항목 전격분석 Part2. 시장성', https://brunch.co.kr/@9535e65c2e824ba/24
45. 한국은행 경제통계 시스템, https://ecos.bok.or.kr/#/
46. DealSite(2023.01.04), '증권사 인수수수료 '빈익빈 부익부''
47. Fortune Business Insights(2022.09.27), 'Dental Implants Market Report, 2022-2029'
48. FORTUNE KOREA(2024.05.02), '금감원, '뻥튀기 상장' 파두 사태 관련 SK하이닉스 압수수색'
49. HelloDD(2024.02.19), '바이오헬스 특례상장 적신호'…유지요건 개선 방안은?'
50. McKinsey&Company(2024.02.22), 'The equity story you need

for the long-term investors you want'
51. MarketsandMarkets(2022.09), 'Dental Implants & Prosthetics Market'

[저자약력]
한국외국어대학교 경제학과 졸업(학사)
한국외국어대학교 경영정보대학원 경영정보학과(MIS) 졸업(석사)
서강대학교 일반대학원 경영학과(회계) 졸업(박사)
삼일 PWC 컨설팅 근무(2005~2016년)
백석대학교 회계학과 겸임교수(2017~2021년)
삼육대학교 경영학과 조교수(겸임)(2022~현재)
한국관리회계학회 2018년 우수논문상 수상
기술보증기금, 한국농업기술진흥원 등 기술평가 전문위원(2017~현재)
㈜티밸류(정부공인 기술평가기관) 이사(2020~2023년)
현, ㈜포레스트벤처쿠키스 대표/기술거래사

[저서/주요논문]
표춘미 등(2023), '스타트업을 위한 기술금융과 기술가치평가', 샘앤북스
블록체인 기반 가상통화(IEO)의 거래소상장 연구, 관리회계학회, 2021.12
블록체인 기반 가상통화의 가치평가 연구, 관리회계학회, 2021.08
블록체인 기반 가상통화(토큰)의 관리방안 사례연구, 국제회계학회, 2021.02
블록체인 기반 가상통화의 재무보고서 사례연구, 회계저널, 2020.12
블록체인 기반의 토큰(IEO)의 자산화 사례연구, 경영교육연구, 2020.04.
기업가정신, SPMS, 창의성, 경영컨설팅연구, 2020.02
과거성과, MCS이용 그리고 창의성, 경영교육연구, 2019.12
권력거리와 관리통제시스템 이용이 단기지향성에 미치는 영향, 관리회계연구, 2018.12
트위터 데이터 분석을 통한 고객관점 선행지표에 관한 연구, 서비스경영학회, 2018.11
권력거리와 관리통제시스템 이용이 창의성에 미치는 영향, 경영교육연구, 2018.08
권력거리, 성과측정시스템의 이용, 그리고 조직역량 간의 관계, 관리회계연구, 2018.08
CEO지배성과 경영성과 간의 내/외부지배구조에 대한 탐색적 연구, 국제회계연구, 2018.08
내용분석을 이용한 CEO역량, 조직역량 그리고 조직성과에 관한 탐색적 연구, 국제회계연구, 2018.08

공기업 경영실적평가에서 재무지표의 이용 정도가 재정건전성에 미치는 영향, 회계연구, 2018.08
SNS 소셜데이터 분석을 통한 지역관광브랜드자산 개발에 관한 연구, 외식산업학회, 2017.03
ICT융합 스타트업기업의 비즈니스 모델수립 사례연구, 경영컨설팅연구, 2016.08
관리통제시스템의 이용, 조직역량, 그리고 관리적 단기지향성 간의 관계, 국제회계연구, 2016.02
기업가정신과 조직성과 간에 MCS이용의 역할, 국제회계연구, 2015.06
국제시장지향성과 MCS이용이 조직역량에 미치는 영향, 국제회계연구, 2013.12
리더십스타일과 조직역량 간의 관계에서 성과측정시스템의 역할, 관리회계연구, 2013.06
S대병원의 ABC 개발사례, 회계연구, 2010.12

IPO 기술특례상장과 벤처기업의 기술력평가

발행일	2024년 11월 25일
저 자	표 춘 미
발행인	이 구 만
발행처	유원북스

04091 서울특별시 마포구 토정로 222, 416호
(신수동, 한국출판콘텐츠센터)
Tel (02)593-1800   Fax (02)6455-1809
등록 2011. 9. 6.   제25100-2012-3호
www.uwonbooks.com   uwbooks@daum.net

편 집	전 충 영
조 판	홍익m&b

ISBN 979-11-6288-204-7   93320
정 가   20,000원